Hans Michael Engelke

DOLOMITEN
Trentino-Südtirol · Gardasee
auf dem Motorrad entdecken

VORWORT

Hans Michael und Angelika Engelke sind begeisterte Motorradjournalisten und Fotografen.

Südtirol und Trentino, Dolomiten und Gardasee – wenn Kiki, die beste Sozia der Welt, und ich diese Worte hören, haben wir sofort das gewisse Leuchten in den Augen. Mit diesen faszinierenden Regionen verbinden wir unendlichen Spaß mit dem Motorrad auf traumhaften Bergstraßen, herausfordernden Serpentinen, beeindruckenden Gebirgspässen und in großartigen Landschaften.

Wir können gar nicht mehr zählen, wir oft wir in unserer persönlichen Motorradfahrer-Geschichte durch Norditalien tourten. Wann immer wir etwas unentschlossen waren, wo es hingehen soll, waren Südtirol oder das Trentino eines der Ziele, die uns stets sofort in den Kopf kamen. Im Sommer ging es hinauf in die hochalpine Welt der Dolomiten, im Frühling oder Herbst genossen wir am Gardasee die Wärme und die Sonnenstrahlen, die uns zu Hause fehlten. Und stets waren wir überrascht und begeistert von der grandiosen Kulisse der Bergwelt, aber auch von der freundlichen und offenen Art der Menschen, die dort leben.

Geballte Highlights

Die spannende Uferstraße an der Westseite des Gardasees, die Gardesana Occidentale mit ihren steilen, in den Fels gesprengten Tunneln und haarsträubenden Abzweigungen, die ebenfalls abenteuerliche Kaiserjägerstraße oberhalb des Lago di Caldonazzo, die grandiosen Pässe wie Grödner Joch, Pordoijoch, Jaufenpass oder Penser Joch. Nur wenige Regionen in Europa präsentieren so viele Highlights so geballt wie die nördlichste Region: Italiens Trentino-Südtirol.

Es gibt viele Möglichkeiten, sie zu erkunden – je nach Zeitdauer und Jahreszeit. Bringt man viel Zeit mit, vielleicht zwei Wochen, würden wir es aufteilen. Vielleicht eine Woche Südtirol, irgendwo beim schönen Meran oder bei Bozen Quartier beziehen, tagsüber die Berge unsicher machen und abends die tollen Städte erkunden. In der zweiten Woche geht es hinunter ins Trentino an den Gardasee. Auf dem Tagesprogramm stehen dann die Dolomiten und abends die Terrassen der einladenden Restaurants mit dem Blick auf das glitzernde Wasser.

Nur ein Kurztrip? Auch kein Problem! Direkt in die Berge und jede Minute nutzen auf der Jagd nach spannenden Pässen und kurvenreichen Bergstraßen. Es gibt der Möglichkeiten viele, aber eines kommt garantiert nicht auf: Langeweile.

Aber nicht nur die fantastischen Motorradstrecken locken uns regelmäßig in den Norden Italiens, es ist auch das, was rechts und links des Weges liegt. Trentino-Südtirols kulturelles Angebot ist beinahe unvergleichlich. Urige Bergdörfer mit engen Gassen und bildschönen Häusern, die historischen Altstädte von Trient, Bozen oder Meran, die oft liebevoll gestalteten Museen, die mächtigen Burgen und Schlösser mit ihren gut erhaltenen Einrichtungen und nicht zuletzt Reinhold Messners großartiges Projekt Messner Mountain Museum mit sechs verschiedenen Standorten, einer interessanter als der andere, machen uns immer wieder neugierig auf neue Erlebnisse und Erfahrungen. Manchmal lassen wir auch einfach das Motorrad einen Tag stehen, ziehen die Wanderstiefel an oder leihen uns Mountainbikes für eine packende Downhilltour.

Stets willkommen

Und egal, wie und wo wir untergekommen, wir haben uns bisher immer wohl gefühlt. Ob auf einem der vielen Campingplätze am See oder in den Bergen, ob in der einfachen Pension oder im gehobenen Hotel, wir waren als Motorradfahrer stets und überall willkommen. Sprachbarrieren gibt es in Südtirol nicht, zwei Drittel der Einwohner sprechen deutsch und auch im Trentino sind wir nicht verdurstet oder verhungert.

Gute Reise!

Wir würden uns sehr freuen, wenn wir mit diesem Buch den einen oder anderen Motorradreisenden neugierig gemacht haben und vielleicht zu einer spannenden Italientour motivieren konnten. Und wenn dann noch einer oder gleich mehrere unserer Tipps und Vorschläge zu einem guten Gelingen des Urlaubs beigetragen haben, passt alles perfekt.

Jetzt, wo dieser Band vorliegt, stecken wir bereits in der Arbeit zu unserem nächsten Italien-Buch. Es wird vom Piemont, von Ligurien und von der Toskana handeln. Und wer weiß, vielleicht treffen wir uns ja unterwegs irgendwo auf den Straßen Italiens – das wäre toll! Und wenn nicht, vielleicht schauen Sie mal auf unserer Internetseite www.engelke.tv vorbei und lassen uns eine Rückmeldung zukommen oder vielleicht ein oder zwei Tipps.

Bis dann, gute Reise und ganz viel Spaß im Norden Italiens,

Hans Michael und Angelika Engelke

INHALT

4	**ÜBERSICHTSKARTE** TOUREN
8	**HIGHLIGHTS** TRENTINO-SÜDTIROL
14	**EINLEITUNG** TRENTINO-SÜDTIROL
20	**TOUR 1** DER GARDASEE UND SEIN WESTEN Im Wilden Westen
36	**TOUR 2** RUND UM DEN MONTE BALDO Das ist der Gipfel
52	**TOUR 3** DURCH DIE DOLOMITEN Pässe, Pässe, noch mehr Pässe
68	**TOUR 4** ZWISCHEN MERAN UND STELVIO Die Nationalparkrunde
84	**TOUR 5** EINE RUNDE UM MERAN Tour der Täler
100	**TOUR 6** ABSTECHER IN DIE LOMBARDEI Besuch bei den Nachbarn
116	**TOUR 7** UM DIE SEISER ALM Dolomitengipfel
132	**TOUR 8** RUND UM TRIENT Es geht rund
148	**TOUR 9** VON SÜDTIROL INS ENGADIN Drei-Länder-Tour
164	**TOUR 10** VON TRIENT NACH BELLUNO Quer durch
180	**ALLGEMEINES** TRENTINO-SÜDTIROL
186	**SPRACHFÜHRER** ITALIENISCH Kleiner Sprachführer
190	**REGISTER** STÄDTE | ORTE
192	**IMPRESSUM**

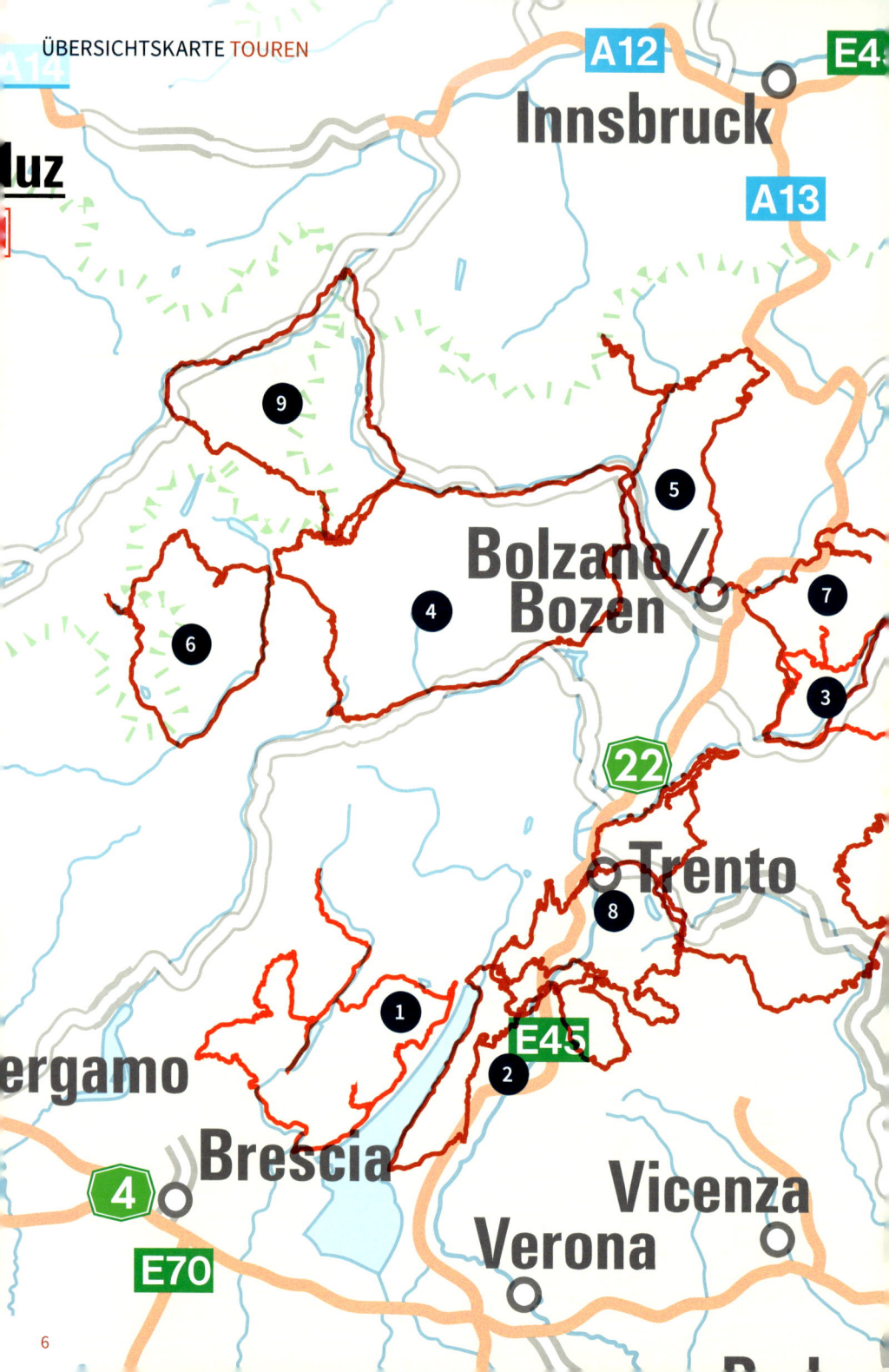

1. DER GARDASEE UND SEIN WESTEN
2. RUND UM DEN MONTE BALDO
3. DURCH DIE DOLOMITEN
4. ZWISCHEN MERAN UND STELVIO
5. EINE RUNDE UM MERAN
6. ABSTECHER IN DIE LOMBARDEI
7. UM DIE SEISER ALM
8. RUND UM TRIENT
9. VON SÜDTIROL INS ENGADIN
10. VON TRIENT NACH BELLUNO

HIGHLIGHTS TRENTINO-SÜDTIROL

Timmelsjoch-Hochalpenstraße

Die legendäre Timmelsjoch-Hochalpenstraße zwischen Sankt Leonhard und dem Timmelsjoch überzeugt mit grandiosem Fahrspaß, herrlichen Panoramen und einem tollen Motorradmuseum.

GPS 46.905000, 11.097909

HIGHLIGHTS TRENTINO-SÜDTIROL

Stilfser Joch

Mit 2 757 Metern Höhe ist das Stilfser Joch der höchste Gebirgspass Italiens. Besonders die 48 Kehren auf der Ostseite sind purer Genuss.

GPS 46.528627, 10.453250

HIGHLIGHTS TRENTINO-SÜDTIROL

Grödner Joch

Die fantastische Strecke am Grödner Joch macht mächtig Laune. So muss eine Dolomitentour aussehen – gewaltige Gebirge, herausfordernde Kehren und griffiger Asphalt.

GPS 46.549824, 11.808695

EINLEITUNG TRENTINO-SÜDTIROL

Zu Füßen der markanten Dolomiten-Felsen.

Motorrad-Traum

Südtirol und Trentino gehören nicht umsonst zu den beliebtesten Motorradrevieren, beide haben eine Menge zu bieten.

Südtirol, auf italienisch Alto Adige, ist die nördlichste Provinz Italiens und etwa 7 400 Quadratkilometer groß. Das entspricht ziemlich genau einem Zehntel der Größe Bayerns. Eine italienische Provinz ist entfernt vergleichbar mit einem deutschen Landkreis. Die Provinz Trentino oder Trient, italienisch Trento, liegt geografisch unterhalb Südtirols und misst rund 6 200 Quadratkilometer. Beide Provinzen zusammen bilden die Region Trentino-Südtirol. Durch das sogenannte Zweite Autonomiestatut haben die beiden Provinzen im Jahr 1972 eine weitgehende Autonomie erhalten, die Region hat dadurch politisch Kompetenz verloren.

Die Hauptstadt Südtirols ist Bozen, knapp zwei Drittel der Südtiroler sind deutschsprachig, etwa ein Viertel spricht italienisch. Wirtschaftlich zählt das meist ländliche Südtirol zu den wohlhabendsten Gebieten Italiens. Von drei kleinen Sprachinseln abgesehen, wird im Trentino durchgängig italienisch gesprochen. Auch das Trentino ist eine der wirtschaftlich erfolgreichsten und wohlhabendsten Provinzen Italiens.

Die komplette Region Trentino-Südtirol hat etwas über eine Million Einwohner. Sie grenzt im Norden an die österreichischen Bundesländer Tirol und Salzburg. Nordwestlich schließt das Schweizer Kanton Graubünden an, im Westen liegt die italienische Region Lombardei, östlicher Nachbar ist die Region Venetien. Die Landschaft Trentino-Südtirols ist besonders durch die Alpen geprägt, deren herausragende Formation sind hier die Dolomiten. Der höchste Punkt ist der Ortler mit einer Höhe von 3 905 Metern. Die wichtigsten Gewässer Trentino-Südtirols sind die Etsch, die in den Bergen Südtirols entspringt und in die Adria mündet sowie der Gardasee, dessen Norden zum Trentino gehört.

Die Uferstraßen des Gardasees sind Genuss pur.

Der Gardasee, italienisch Lago di Garda oder Bènaco, ist der größte See Italiens. Seine Fläche beträgt etwa 370 Quadratkilometer; das sind rund zwei Drittel des kompletten Bodensees. Er ist rund 52 Kilometer lang und bis zu 17 Kilometer breit. Der Gardasee wurde in der letzten Eiszeit durch Glet-

Für solche Panoramen hält man gerne an.

scher geformt. Während der Norden des Sees dem Trentino zugerechnet wird, gehört der Westen zur Lombardei, der Osten zu Venetien. Der nördliche Teil des Gardasees ist von Zweitausendern umgeben, das südliche Ufer liegt bereits im flachen Tiefland der Po-Ebene.

Die Dolomiten, italienisch Dolomiti, sind eine Gebirgskette der südlichen Alpen, die zur Region Trentino-Südtirol und zu Venetien gehören. Seit 2009 sind sie als UNESCO-Weltnaturerbe geschützt. Die höchste Erhebung der Dolomiten ist die 3 342 Meter hohe Marmolata.

GESCHICHTE

Es würde deutlich den Rahmen dieses Buches sprengen, die komplette, sehr wechselhafte Geschichte der Region Trentino-Südtirol beschreiben zu wollen. Dafür gibt es reichlich geeignete Lektüre. Deshalb an dieser Stelle nur ein kurzer Abriss zur Zeit nach dem Ersten Weltkrieg.

Die Region Trentino-Südtirol gehörte bis zum Ersten Weltkrieg zu Tirol. Der Friedensvertrag von St. Germain teilte das Land Tirol 1919 zwischen Österreich und Italien auf; die Trennlinie lag etwa in Höhe des Brenners. Während des Faschismus wurde daraufhin gearbeitet, Südtirol zu „Italianisieren", zum Beispiel durch das Verbot der deutschen Sprache und Änderungen bei Orts- und Familiennamen. Das italienischsprachige Trentino war davon, von wenigen Ausnahmen abgesehen, nicht betroffen.

Nach dem Zweiten Weltkrieg gehörte Südtirol weiterhin zu Italien, die Rechte der deutschsprachigen Südtiroler sollten aber besonders geschützt

Kein Helmersatz, sondern textile Kopfbedeckung vom Stilfser Joch.

werden. Dies wurde zwar durch das Pariser Abkommen sichergestellt, eine echte Selbstverwaltung wurde Südtirol jedoch verwehrt. Als die italienische Regierung an ihrer Politik festhielt und im großen Stil Zuwanderer aus dem restlichen Italien in Südtirol ansiedeln wollte, kam es 1957 zu großen Massenprotesten und im weiteren Verlauf sogar zu Bombenanschlägen, zu denen sich der „Befreiungsausschuss Südtirol" bekannte.

Nach zähen und langen Verhandlungen, an denen Österreich als Schutzmacht großen Anteil hatte, wurde 1972 schließlich das Zweite Autonomiestatut verabschiedet, welches den Provinzen Südtirol und Trentino weitgehende Autonomie zusicherte.

Der Klettersteig: Mit der richtigen Ausrüstung auch für Nicht-Profis interessant.

GESCHICHTEN ZUR REGION – VIA FERRATA

Schon vor Jahrhunderten gab es in den Alpen auf den Wegen hinauf auf die Almen mehr oder weniger fest installierte Aufstiegshilfen. Dies waren meist einfache, hölzerne Leitern und Gestelle. Die so entstandenen Steige gelten heute als die Urform der Klettersteige.

Intensiviert und ausgebaut wurde diese Technik während des Ersten Weltkriegs. Italienische und österreichische Soldaten kämpften einen grausamen Krieg, dessen Front unter anderem quer durch die Dolomiten verlief. Dazu war es nötig, sich auch in den unbegehbaren, zerklüfteten Gipfelregionen bewegen zu können, sei es zur Erkundung oder um den dringend benötigten Nachschub zu transportieren. Soldaten beider Armeen installierten dazu dauerhaft Seile, Leitern und Stege in den Felsen. Fast überall in den Bergen Trentino-Südtirols finden sich die Hinterlassenschaften des Krieges wie Stellungen, Bunker, Gräben und Stollen. Auch die Steige und Höhenwege gehören zu diesem Vermächtnis.

Nach dem Krieg wurden viele dieser Steige weiter befestigt und instandgesetzt. Stahlseile wurden zur Sicherung installiert, metallene Leitern und Stahlsprossen im Fels verschraubt. Die Vie Ferrate, die Eisernen Wege entstanden und damit eine Mischform

EINLEITUNG TRENTINO-SÜDTIROL

zwischen Bergwandern und Bergsteigen erschaffen. Damit erschlossen sich faszinierende Berglandschaften auch den Menschen, die nicht über die höchst anspruchsvollen Kenntnisse des alpinen Bergsteigens verfügen.

Vie Ferrate, im Singular heißt es Via Ferrata, finden sich heute überall in der Bergwelt Trentino-Südtirols. Die nötige Ausrüstung ist durchaus erschwinglich oder kann bei diversen Veranstaltern geliehen werden. Sie besteht aus einem Klettergurt oder einer Kombination aus Hüft- und Brustgurt sowie einem speziellen Y-förmigen Klettersteigset, der die Verbindung zwischen dem Klettergurt und der Seilsicherung darstellt. Dazu gehört ein geprüfter Bergsteigerhelm sowie griffige Handschuhe.

So gerüstet, steht auch für den sportlichen Laien einer spannenden und faszinierenden Via Ferrata-Tour nichts entgegen. Infos und Tipps für hunderte Steige gibt es im Internet www.via-ferrata.de oder www.klettersteig.de.

KULINARISCHES

Auf dem Weg von Südtirol ins Trentino, also von Nord nach Süd, ändern sich ein wenig die Eigenarten der regionalen Küche. Die traditionelle Südtiroler Küche kann österreichisch-wienerische Einflüsse nicht verleugnen. Je mehr es hinunter ins Trentino geht, umso stärker italienisch ist sie geprägt.

Südtiroler Knödel brillieren als Suppeneinlage, beweisen sich als Beilage zum Braten oder kommen als herzhafte Speckknödel. In der süßen Variante als Marillenknödel aus dem Vinschgau beinhalten sie eine leckere Aprikose, nicht weniger verlockend sind auch Zwetschgen- und Erdbeerknödel. Knödel oder Pasta? Im südlichen Trentino hält man sich eher an letzteres und serviert gerne beste italienische Pasta. Hier verschmelzen alpine Esskultur und mediterrane Küche. Strangolapetri, die sogenannten Priesterwürger, sind Spinatklößchen aus Nudelteig, sie firmieren auch als Gnocchi. Ob der Name tatsächlich auf die gierigen Priester zurückzuführen ist, die an den köstlichen Klößchen fast erstickten, lasse ich mal dahingestellt sein.

Natürlich gibt es auch Gemeinsamkeiten, Polenta zum Beispiel. Die aus Maisgrieß hergestellte, feste Masse wird traditionell recht einfach serviert,

Südtiroler Knödel gibt's in allen Variationen: hier mit Birnenkompott.

entweder als Brei mit Milch oder etwas herzhafter mit zerlassener Butter und Parmesan. Bisweilen wird sie auch wie Pasta mit einer Sauce serviert. Ähnlich den Klößen kommt sie aber auch des öfteren als Beilage zu deftigen Fleischgerichten oder Eintöpfen.

Im Trentino lieben wir die Luganega oder Lucanica. Sie ist eine würzige, pfefferige Bratwurst, oft als „Schnecke" aufgerollt. Unser Favorit ist auch der typische Carne Salada, eine köstliche Alternative zum Rindercarpaccio. Das Fleisch wird mit einer besonderen Gewürzmischung eingerieben und zieht eine Woche bis zehn Tage. Das dann herrlich mürbe Fleisch wird hauchdünn geschnitten und pur oder mit Ruccola und Parmesan oder mit Tortél, den kleinen Kartoffelkuchen, genossen. Traditionell wird es auch mit einem Salat aus gekochten Bohnen und Zwiebeln serviert.

Mit köstlichen Torten und leckeren Strudeln wissen natürlich beide Provinzen zu überzeugen. Der Südtiroler Apfelstrudel mit Eis und Sahne ist einfach ein Gedicht, im Trentino haben wir einen Mohnstrudel probiert, dem trauern wir heute noch hinterher.

Wo gegessen wird, wird bekanntlich auch getrunken. Weine aus der Region sind eine Wissenschaft für sich. Rund 9 000 Hektar Rebflächen umfasst das Weinanbaugebiet Trentino. Theoretisch gelten Trentino und Südtirol als eine gemeinsame Weinbauregion, werden aber doch meist separat vorgestellt. Aus Sicht der Winzer gibt es durchaus Unterschiede, so herrscht im Trentino im Unterschied zu Südtirol ein wärmeres Klima und die Hänge sind meist weniger steil. Im Trentino werden daher mehr verschiedene Rebsorten angebaut. Zum Beispiel der Vernatsch, der hier allerdings Schiava heißt. Köstliche Rotweine sind Teroldego und der Marzemino. Cabernet Sauvignon und Merlot werden ebenfalls angebaut. Chardonnay, Pinot Grigio und Pinot Bianco überzeugen bei den Weißweinen, ebenso der hier angebaute Müller-Thurgau. Etwa 70 Prozent der Weine aus dem Trentino tragen den DOC-Status eines Qualitätsweines mit einem eigenen Regelwerk bezüglich der zulässigen Rebsorten, der vorgeschriebenen traditionellen Kellertechniken und der maximal zulässigen Hektarerträge. ◂

Köstlich: Polenta-Scheibe mit Speck-Käse-Omelett.

TOUR 1 DER GARDASEE UND SEIN WESTEN

Im Wilden Westen

Die westliche Uferstraße des Gardasees, die Gardesana Occidentale, gilt zu Recht als eine der Traumstraßen Europas. Weiter geht es auf dieser Tour über spannende Serpentinen entlang steiler Gebirgshänge und über atemberaubende Bergstraßen. Und das zum Teil auf wenig bekannten Routen, die dafür umso schöner sind. Die glitzernden Bergseen mit ihren einladenden Badestränden und Wiesen machen diesen Rundtrip perfekt.

Unterwegs auf der grandiosen Gardesana Occidentale.

TOUREN-STECKBRIEF

BASISORT
Riva del Garda (45.886001, 10.845221)

STRECKENLÄNGE
ca. 280 km

DAUER DER TOUR
7-8 Stunden

ROADBOOK
Riva del Garda, Limone sul Garda, Tremosine, Vesio, Tignale, Gargnano, Lago di Valvestino, Toscolano-Maderno, Salò, Val Sabbia, Vobarno, Val Trompia, Collio, Passo del Maniva, Goletto del Crocette, Passo di Croce Domini, Val di Caffaro, Lago d'Idro, Ponte Caffaro, Daone, Val di Daone, Lago di Malga Bissina, Daone, Storo, Val di Ledro, Lago di Ledro, Riva del Garda

HIGHLIGHTS
Die westliche Uferstraße des Gardasees, die Gardesana Occidentale, gilt als eine der schönsten Straßen Europas, ein Meisterwerk der Straßenbauer. Da können wir nur uneingeschränkt zustimmen. Besonders beeindruckend ist auch die zusätzliche Runde von der Uferstraße über Tremosine auf atemberaubenden Kehren durch die steilen Berghänge (45.784719, 10.732947).

Nicht weniger spektakulär und ein echtes Muss ist auch der Abstecher von der Gardesana Occidentale hinauf zum Lago di Valvestino (45.708116, 10.614002).

Einfach grandios sind die Landschaften und die Bergstraßen rund um den Passo di Croce Domini (45.907518, 10.409527).

E s hat etwas Mediterranes: sanft plätschern die kleinen Wellen zu unseren Füßen an die Kaimauer, die Häuser um uns herum geben mit ihrem venezianischen Stil eine perfekte Kulisse, die Sonne scheint uns ins Gesicht und auf dem Tisch stehen zwei leckere Espressi, die getrunken werden wollen. Dabei wären es noch knapp 175 Kilometer, bis wir unsere Füße tatsächlich ins Mittelmeer halten könnten. Möchten wir aber gar nicht. Uns steht der Sinn nach einer spannenden Motorradtour und deshalb sitzen wir hier in **Riva del Garda**, direkt am Ufer des **Gardasees**, und gönnen uns ein schnelles Frühstück – begierig darauf, endlich durchzustarten.

Das machen wir jetzt auch und natürlich starten wir diese Runde gleich auf einer der schönsten Strecken am Gardasee – entlang des Westufers auf der *Gardesana Occidentale*. Und schon auf den ersten elf Kilometern legt sich die Uferstraße richtig ins Zeug und zeigt, was sie kann. Erst seit den dreißiger Jahren des vergangenen Jahrhunderts ist das Westufer überhaupt durchgängig befahrbar. Fünf

Die Traum- und Panoramastraße am Westufer.

Urlaubsfeeling pur: Limone sul Garda.

TOUR 1 DER GARDASEE UND SEIN WESTEN

Des Straßenbauers Meisterleistung: Tunnel oberhalb des Gardasees.

Jahre brauchten die Straßenbauer, um hier eine der reizvollsten Routen Italiens in den Fels zu sprengen. Allein für die ersten 28 Kilometer zwischen *Riva* und *Gargnano* mussten 74 Tunnel in die Steilhänge gehämmert und gesprengt werden. Kaum wird Riva del Garda in meinen Rückspiegeln immer kleiner, da tauchen wir schon in die Dunkelheit der Galerien und Tunnel ein. Wie ein Stroboskop blitzt die glitzernde Wasseroberfläche des Sees durch die Öffnungen der Galerien, im Minutentakt wechseln sonnenbeschienene Straßenabschnitte mit angenehm schattigen Passagen.

Bei Gegenverkehr könnte es eng werden.

Kurz vor **Limone sul Garda** überqueren wir die offizielle Süd-Grenze des **Trentino**. Hier liegt quasi das „Drei-Länder-Eck" des Trentino im Norden, der **Lombardei** im Westen und **Venetos** im Osten. Limone sul Garda, der erste Ort in der Lombardei, überzeugt mit einer wunderschönen Altstadt, mit einer tollen Promenade und einladenden Restaurants direkt am Seeufer. Im Sommer ist hier mächtig was los, und wenn sich jährlich die Crème de la Crème der Mountainbiker beim härtesten Mountainbike-Rennen Europas die bis zu 30 Prozent steilen Tracks nach Limone herunter stürzen, platzt der Ort förmlich aus den Nähten.

Unser Ziel ist jedoch **Tremosine**. Dazu heißt es aufpassen, von Limones Zentrum aus dem Norden kommend, hinter einer kleinen Kurve, verpasst man schnell die rechterhand liegende Ausfahrt auf die steile Bergstraße. Steil, und später in engen Serpentinen, windet sich die SP115 hoch in die Berghänge. Der Ausblick nach links über den See wirkt wie der Blick aus einem startenden Flugzeug. Immer weiter fällt er über die riesige, in der Sonne leuchtende Wasseroberfläche, auf der Boote und Fähren ihre schnurgeraden Spuren hinterlassen. Wir sind begeistert, nicht umsonst gilt die westliche **Gardesana** und der Bogen über Tremosine als echtes Meisterwerk der Straßenbaukunst und als eine der Traumstraßen Europas. Mehr als einmal bleiben wir direkt am Straßenrand stehen und genießen den schwindelerregenden Blick in die Tiefe und das grandiose Panorama.

Oben in den Bergen bei **Vesio** wird die Straße zur SP38, führt verwinkelt

Traumhafte Ausblicke von der SP115.

TOUR 1 DER GARDASEE UND SEIN WESTEN

Gleich westlich des Gardasees liegen fantastische Bergstrecken.

TOUR 1 DER GARDASEE UND SEIN WESTEN

In Toscolano gibt es einladende Restaurants, interessante Kirchen …

… und eine tolle Promenade.

und mit weiteren kernigen 180 Grad-Kurven gen Süden und wendet sich wieder dem Gardasee zu. In spektakulärer Straßenführung geht es schließlich wieder hinunter ans Westufer, wo wir hinter *Tignale* wieder auf die Gardesana Occidentale abbiegen. *Gargnano*, einige wenige Kilometer später, ist unser ganz persönlicher Favorit am Gardasee. Kiki und ich haben das idyllische Dorf mit seiner schönen Altstadt, der urigen Uferpromenade und den vielen Cafés am Wasser und am Hafen ins Herz geschlossen. Klar, dass wir uns einen entspannenden Cappuccino mit Blick auf die schaukelnden Yachten im Hafenbecken nicht entgehen lassen. Übrigens, den klassischen Cappuccino, einen mit heißer Milch und Milchschaum aufgefüllten Espresso, trinken Italiener fast ausschließlich vormittags.

Steile Serpentinen

Und noch etwas treibt uns nach Gargnano: Der Abstecher auf die grandiose SP9 mit der Fahrt zum bildschön gelegenen *Lago di Valvestino* – ein Abstecher, den man unbedingt gemacht haben muss. Auch hier zirkeln die Serpentinen steil und spektaku-

TOUR 1 DER GARDASEE UND SEIN WESTEN

Pures Fahrvergnügen in kernigen Kehren.

lär in die Berge empor, das Panorama ist einfach unglaublich. Auch das kurze, anschließende Stück über die *Via Valvestino* bis zur 124 Meter hohen Staumauer des fjordartigen Stausees lohnt sich. Zurück am Ufer des Gardasees düsen wir via *Toscolano-Maderno* bis *Salò*, lassen das ebenfalls sehr interessante Uferstädtchen aber links liegen, biegen rechts ins *Val Sabbia* ab und folgen der Ausschilderung nach *Vobarno* entlang des Flusses *Chiese*. Spätestens ab dem kleinen Ort *Sabbio* sind wir so ziemlich alleine unterwegs. Das kurvenreiche Bergsträßchen führt über einen hohen Bergrücken und wieder hinunter ins *Val Trompia*. Zwei, drei Motorradfahrer und ein Eichhörnchen, das knapp vor uns über den Asphalt sprintet, sind die einzigen Verkehrsteilnehmer, denen wir hier begegnen.

Auf der Achterbahn

War die Strecke zwischen dem Gardasee und dem jetzt folgenden Örtchen *Collio* schon sehr nett, geht es jetzt wieder richtig ins Eingemachte. Schließlich sind wir nun auf der westlichen Zufahrt des 1664 Meter hohen *Passo del Maniva*. Hier ist sie wieder, die vielzitierte Achterbahn, die ideale Strecke für Kurven-Junkies. Daran wird sich auch auf den folgenden

Ein höchst willkommenes Verkehrsschild.

vielen Kilometern nichts ändern. Es geht hinauf auf den 2 070 Meter hohen *Goletto del Crocette*. Der wiederum führt zum *Passo di Croce Domini*, der sich in 1892 Metern Höhe zum beliebten Motorradtreffpunkt entwickelt hat. Wir holen uns beim freundlichen Wirt eine eiskalte, erfrischende Cola und sind schnell im Gespräch mit zwei britischen Motorradfahrern, die noch vor drei Tagen bei frischem Wind und dem sprichwörtlichen englischen Regen mit der Fähre über den Kanal kamen. Verständlich, dass sie von dem warmen Sonnenwetter so begeistert sind und gar nicht mehr zurück wollen.

Der Passo di Croce Domini entlässt uns mit einer großen Runde durch das *Val di Caffaro* in Richtung des *Lago d'Idro*. Der natürliche See, das Überbleibsel eines gewaltigen eiszeitlichen Gletschers, liegt in sattem Blau unter strahlenden Sonne. Ein Abstecher an das Westufer offenbart tolle Ausblicke auf die fast elf Quadratkilometer große, silbern schimmernde Wasseroberfläche. Zurück in *Ponte Caffaro* an der Nordspitze des Sees kühlen wir uns mit einem leckeren Stracciatella-Eis aus der örtlichen Eisdiele.

Einfach ein Gedicht

Und noch ein Abstecher in eine lange Sackgasse steht auf unserem Programm: das *Val di Daone* im Trentino. Nur ein kleines Schild weißt kurz vor *Lodrone* darauf hin, dass wir uns nun wieder im Trentino befinden und nach gut zehn Kilometern heißt es links abbiegen, nach *Daone*. Und auch diese Fahrt ist einfach ein Gedicht. Vorbei am schönen Stausee *Malga Boazzo* in 1224 Metern Höhe kurvt die einsame Landstraße immer höher ins Tal hinauf und endet schließlich in rund 1800 Metern am *Malga Bissina*. Ab hier geht es nur noch zu Fuß in

Geniale Kurvenstrecken im Westen dieser Tour.

TOUR 1 DER GARDASEE UND SEIN WESTEN

AUTOREN-TIPP

RIVA DEL GARDA Das quirlige Städtchen am Nordufer des Gardasees ist eine eigene Reise wert. Das bildschöne Zentrum und die langen Uferpromenaden, prachtvolle Gebäude und schmale Gassen, luftige Plätze und einladende Cafés, Bars und Restaurants lassen keine Langeweile aufkommen.

Die Stadtburg Rocca di Riva, heute ein interessantes Museum zur Stadtgeschichte, ist komplett von Wasser umgeben und wer einigermaßen fit ist, steigt den steilen Fußweg zur Ruine des mächtigen venezianischen Geschützturms, der „Bastione" hinauf. Zur Belohnung gibt's einen fantastischen Blick auf Riva und den See. Tolle Tipps gibt es in der Touristinfo Largo Medaglie Oro al Valor Militare, 5 (GPS 45.884986, 10.844827).

Gegenüber liegt die Gardesana Occidentale. das *Valle di Fumo* weiter, in den bei Wanderern und Kletterern nicht umsonst so beliebten *Adamello-Brenta-Naturpark*. Mit Blick auf den herrlich in der Landschaft liegenden *Lago di Malga Bissina* setzen wir uns ins Gras und geben uns dem tollen Bergpanorama hin.

Dorf auf Stelzen

Durch die beiden Dörfer *Daone* und *Storo* steuern wir das *Val di Ledro* an. Hier liegt, gleich westlich des Gardasees, der nächste bildschöne Bergsee: der *Lago di Ledro*. Bei einer Tour durch das Ledro-Tal sollte die Badehose im Gepäck nicht fehlen. Schließlich ist der Ledro-See vor allem durch seine tollen Badestrände bekannt. Aber mit noch etwas sehr Interessantem kann das Gewässer aufwarten: mit Pfahlbauten. Ein ganzes Dorf stand einst in der Bronzezeit auf Stelzen im See. Zwar sind die Hütten heute nicht mehr erkennbar, aber Archäologen haben einige der rund 4000 Jahre alten Pfahlbauten im Museo delle Palafitte in *Molina di Ledro* nachgebaut – ein Besuch lohnt sich.

Ein paar letzte Schwünge noch, dann finden wir uns auf der legendären Gardesana Occidentale wieder, auf der Westufer-Straße des Gardasees. Kurz überlegen wir, nochmal in Richtung Süden zu starten, nochmal die grandiose Uferstrecke unter die Reifen zu nehmen. Aber für heute soll es genug sein, wir entscheiden uns für die letzten Kilometer zurück nach Riva del Garda. Morgen ist ja auch noch ein Tag. ◀

INFOS ZUR TOUR

CHARAKTERISTIK
Auf dieser Tour nehmen wir einige der schönsten und anspruchsvollsten Straßen am Gardasee und der westlich davon liegenden Berge unter die Reifen. Die Serpentinen oberhalb des Seeufers stellen so manche Herausforderung dar. Vorsicht ist nach heftigen Regenfällen geboten, dann sind die Strecken oft mit Sand, Dreck oder Geröll verschmutzt und die Straßenreinigung hinkt bisweilen Tage hinterher.

PÄSSE DER TOUR
Passo del Maniva (1664 m), Goletto del Crocette (2 070 m) und der Passo di Croce Domini (1892 m). Die Wintersperren richten sich nach der Witterung. www.alpenpaesse.de berichtet tagesaktuell darüber.

ÜBERNACHTUNG
Hotel Doria
Via Arturo de Bonetti 10, I-38069 Nago
Komplett renoviertes Hotel mit Augenmerk auf Motorradfahrer und tollem Service.
www.hoteldoria.net
GPS 45.878033, 10.891291

Hotel Villa Grazia
Via Benedetto Croce, 2, I-25010 Limone Sul Garda
Kleinerer Familienbetrieb, sehr sympathisch mit tollem Qualität-Preis-Verhältnis, sehr zentral, mit Garage.
www.hvillagrazia.it
GPS 45.809841, 10.789892

KOMBINATIONSMÖGLICHKEITEN
Kombinieren lässt sich diese tolle Tour sehr gut mit Tour 3 auf der östlichen Seite des Gardasees. Wer nicht genug bekommen kann, umrundet zusätzlich noch den Lago d'Iseo im Westen der Tour oder macht einen kurvigen Abstecher auf den Passo di Tremalzo, bei dem aber leider nur noch die Westrampe für Motorradfahrer erlaubt ist.

TOUR 2 RUND UM DEN MONTE BALDO

Das ist der Gipfel

Auch die östliche Seite des Gardasees hat ihre Reize. Die bildschöne Küstenstraße führt in die verführerischen Rotweinlagen des Bardolino und anschließend hoch hinauf auf den Bergrücken des Monte Baldo. Hier locken Kurvenstrecken ohne Ende. Jenseits des Tales des Fiume Adige geht es danach auf einsamen Bergstraßen um den Monte Pasubio herum – eine faszinierende Entdeckungstour mit immer neuen spannenden Eindrücken.

Der Berg ruft – auch am Monte Baldo.

TOUREN-STECKBRIEF

BASISORT
Riva del Garda (45.886001, 10.845221)

STRECKENLÄNGE
ca. 240 km

DAUER DER TOUR
7-8 Stunden

ROADBOOK
Riva del Garda, Nago-Torbole, Gardesana Orientale, Malcesine, Punta San Vigilio, Garda, Strada del Vino Bardolino, Corna Piana, Brentonico, Mori, Monte Pasubio, Passo Pian delle Fugazze, Folgaria, Monte Stivo, Arco, Riva del Garda

HIGHLIGHTS
Auch wenn die Gardesana Orientale, die östliche Uferstraße des Gardasees, nicht ganz mit ihrer westlichen Schwester mithalten kann, grandios ist sie dennoch. Die gut 40 Kilometer zwischen Nago-Torbole und Garda sind wahrlich ein Gedicht!

Die kurvenreichen Kilometer rund um den 1735 Meter hohen Gipfel Corna Piana bleiben in Erinnerung (45.795922, 10.925967).

Die Runde um den „Berg der 10.000 Toten" stimmt nachdenklich. Dennoch darf man guten Gewissens die fantastische Landschaft, die unzähligen Schräglagen und den Passo Pian delle Fugazze genießen (45.760298, 11.172999).

D er Wind weht immer in *Nago-Torbole*. Das sagte zumindest die freundliche Dame im Büro der Tourist-Info und scheinbar hat sie damit Recht. Anders wären die unzähligen Surfer draußen auf dem Wasser nicht zu erklären, die hier kreuz und quer durch die flachen Wellen schießen und sich vom kräftigen Wind quer über den *Gardasee* schieben lassen. Eigentlich haben wir die Bucht von Nago-Torbole ganz am nördlichen Ende des gut 50 Kilometer langen Gardasees noch nie ohne die Surfer gesehen.

Flatternde Surfsegel

Auch heute nicht, wo uns der Weg aus *Riva* hinausführt und vorbei an Nago-Torbole auf die *Gardesana Orientale*, die östliche Uferstraße des Sees. Während linkerhand die steilen Berghänge des *Monte Baldo* in den Himmel ragen, flattern rechts von uns die Surfsegel im Wind. Fast direkt am Wasser führt die SS249 in Richtung Süden und bietet uns tolle Ausblicke

Leckere Weinlagen am Nordende des Sees.

In Torbole findet sich der edle Tropfen dann auf der Weinkarte.

TOUR 2 RUND UM DEN MONTE BALDO

Kurven satt rund um den Monte Baldo.

Und am Abend geht's nach Malcesine.

auf die gegenüber liegende Westseite des Sees und auf deren mächtige Gipfel. Die Gardesana Orientale steht ein wenig im Schatten ihrer Schwester, der spektakulär in den Fels gesprengten *Gardesana Occidentale*, der Strecke am Westufer. Dennoch ist die Fahrt hier auch ein echtes Erlebnis. Schmale Kiesstrände wechseln sich mit überschaubarem Grün am Ufer ab. Immer wieder huschen Badestellen und einladende Picknickplätze an uns vorbei.

Vorsicht: Radarpistole

Zu Füßen des 2078 Meter hohen *Monte Altissimo di Nago* passieren wir die Grenze zwischen dem *Trentino* und *Venetien*. Drüben, am anderen Seeufer, beginnt auf gleicher Höhe die *Lombardei*. Wieder passieren wir einen Tunnel und als ich aus dem Dunkel in das gleißende Sonnenlicht fahre, sehe ich aus dem Augenwinkel zwei uniformierte Ordnungshüter am Straßenrand stehen. Gut, dass ich es nicht übertrieben habe, die Radarpistole in der Hand wäre nicht wegzudiskutieren gewesen. Mancher Gruselgeschichte zum Trotz, haben wir bisher auf unseren vielen Touren im Süden noch nie schlechte Erfahrung mit der italienischen Polizei gemacht. Klar, es war schon mal ein Zwanziger fällig, aber das ist zu verkraften und letztlich muss man sich dann nur über sich selber ärgern.

Weiter geht es auf der herrlichen Küstenstraße bis nach *Malcesine*. Die „Perle des Gardasees" trägt diese Bezeichnung nicht zu Unrecht. Die bildschöne Altstadt mit ihren vielen engen Gassen, die herrlichen Plätze, der Palazzo aus dem 13. Jahrhundert und vor allem natürlich die mächtige Burg direkt am Seeufer machen Malcesine zu einem der schönsten Orte der Region. Auch Dichterfürst Goethe wusste schon 1786 um die Schönheit Malcesines und setzte dem Uferstädtchen in seiner berühmten „Italienischen Reise" ein würdiges Denkmal. Ein ganz besonderer Anziehungspunkt Malcesines ist übrigens dessen Seilbahn, die hinauf auf den Monte Baldo führt und bei Wanderern Gleitschirmfliegern und Mountainbikern gleichermaßen beliebt ist.

AUTOREN-TIPP

MOUNTAINBIKE DOWNHILL Wie wäre es denn mal mit einer völlig neuen Erfahrung auf zwei Rädern. Bike Xtreme in Malcesine verleiht qualitativ hervorragende Räder mit unterschiedlichen Konzepten vom Full Suspension bis zum Downhill. Mit dem Bike geht es denn per Seilbahn hinauf auf den Monte Baldo und von der Schwerkraft beschleunigt über spannende und anspruchsvolle Strecken hinunter ins Tal – downhill eben. Alle Infos dazu unter www.xtrememalcesine.com. Viel Spaß!

Kühlender Fahrtwind

Entspannt folgen wir auf der gut ausgebauten Gardesana Orientale dem Ufer, genießen den angenehm kühlenden Fahrtwind und die tollen Panoramen. Kurz vor *Garda* macht die

Der Gardasee zu Füßen des Monte Baldo.

TOUR 2 RUND UM DEN MONTE BALDO

Auf dem Monte Baldo geht es hoch hinaus.

TOUR 2 RUND UM DEN MONTE BALDO

Bei Garda wacht die Burg über das Ostufer des Sees.

Kurven kann man nie genug haben.

Straße einen scharfen Knick. Hier ragt die *Punta San Vigilio*, eine malerische Landzunge, in den Gardasee. An ihrer Nordseite liegt die *Baia delle Sirene*. Die Bucht der Sirenen gilt als die schönste Badebucht des ganzen Sees und lockt auch uns. Aber okay, Badezeug ist heute nicht an Bord, wir begnügen uns mit einem Café auf der Terrasse des historischen Seehotels auf der Südseite des Halbinselchen direkt am idyllischen kleinen Hafen.

Bardolino-Weinstraße

Ungleich größer und geschäftiger ist der Hafen von Garda, nur wenige Kilometer entfernt. Schön ist er auch, und überzeugt zudem mit der angrenzenden Promenade. Überhaupt ist Garda eine echte südländische Schönheit, die Liste ihrer Sehenswürdigkeiten ist lang. Heute sind wir in Garda aber nur auf der Suche nach der *Via Panorama*. Die macht ihrem Namen alle Ehre und schwingt sich in kernigen Serpentinen oberhalb des Hafens in die Berge. Während Garda im Rückspiegel immer kleiner wird, klettern wir mit dem Motorrad immer höher in die Südhänge des Monte Baldo. Irgendwann folgen wir einem Stück

Haus am Hang: Bergdorf östlich von Rovereto.

der *Strada del Vino Bardolino*. Die führt hier in einem großen Bogen durch die weltbekannten Weinlagen des Weinbaugebiets Bardolino. Auf rund 2 800 Hektar Rebfläche gedeihen hier köstliche Rot-, Rosé- und Schaumweine.

Wir kreuzen auf schmalen Nebenstrecken durch die faszinierenden Hänge des Monte Baldo-Massivs. Auf und ab geht es, Kurve folgt auf Kurve. Mal begleitet uns dichtes Grün, Sonnenstrahlen blitzen durch die Baumgipfel, dann folgen wieder ein paar freie Flächen mit satten, dunklen Wiesen. Kilometer über Kilometer kurven wir fast alleine durch die Bergwelt, selbst jetzt, mitten im Sommer. Am 1735 Meter hohen Gipfel *Corna Piana* schlägt der Asphalt wilde Haken, mal

Baden oder nicht? Das ist hier die Frage.

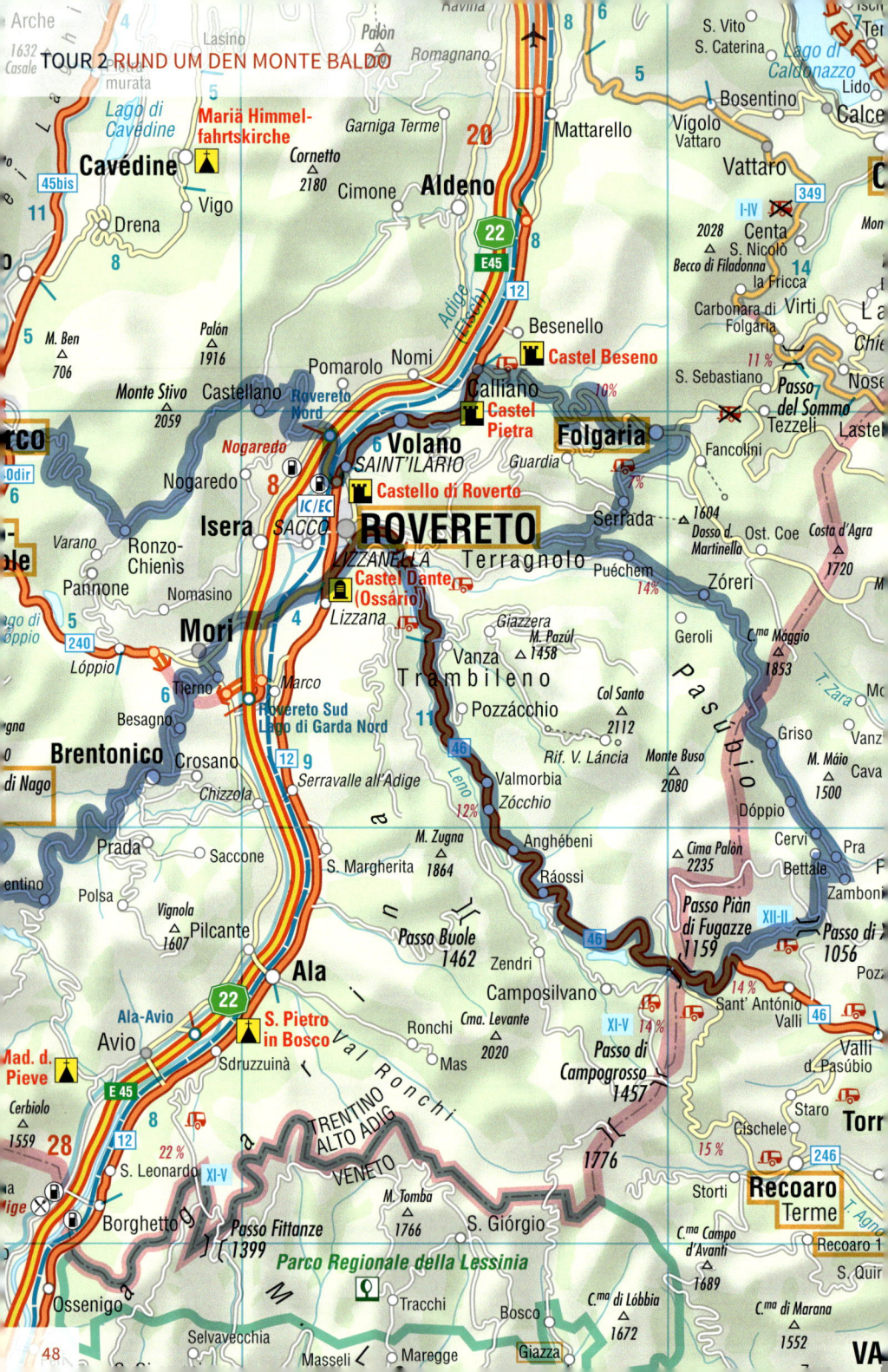

geht es gen Norden, mal nach Süden und schließlich langsam aber sicher wieder bergab. Über *Brentonico* rollen wir die Nordflanke des Monte Baldo hinunter und erreichen bei *Mori* das Tal des Flusses *Fiume Adige*.

Schmale Bergpässe

Von hier aus wären es gerade noch 20 Kilometer zurück nach Riva. Wir haben aber noch lange nicht genug für heute. Also queren wir das Tal, folgen den Schildern in Richtung *Rovereto* und steigen an dessen südlichem Stadtrand wieder die Berghänge des weit über 2 000 Meter hohen *Pasubio* auf. Um ihn herum führt eine fantastische Route durch dichten Wald, über sonnenbeschienene Hänge und schmale Bergpässe. Am *Passo Pian delle Fugazze* lassen wir uns ins Gras fallen, schauen den Wolken hinterher, wie sie durch den tiefblauen Himmel gleiten.

Nicht immer war es hier oben so ruhig und friedlich. „Berg der 10 000 Toten" ist nur einer der vielen Namen, die der Berg seiner blutigen Geschichte wegen bekommen hat. Hier lagen sich vom Juni 1916 bis November 1918 italienische und österreich-ungarischen Truppen gegenüber. Noch heute zeu-

Herrliches Panorama oberhalb des Fiume Adige.

Schade, keine Badesachen dabei.

gen unzählige Stellungen und Steige vom damaligen Kriegsgeschehen, das die komplette Topographie des Berges veränderte. Beide Kriegsparteien trieben tiefe Stollen in den Berg, teilweise hörten die Soldaten ihre Widersacher sogar unter Tage arbeiten, so nah war man sich. Im März 1918 war auf einmal Ruhe auf der österreichischen Seite und während sich die Italiener noch fragten, was das wohl bedeuten mag, zündeten ihre Gegner am 13. März in ihrem Stollen die unglaubliche Menge von rund 55 Tonnen Dynamit. Die Zerstörungen am Berg waren gewaltig.

Und trotz Tausender Toter gab es letztlich am Pasubio bis zum Kriegsende keinen Gewinner.

Idyllische Landschaften

Steil führt die Strecke bei **Serrada** wieder hinab vom „Berg der 10 000 Toten" und wenige Kilometer weiter hinein nach **Folgaria**. Nicht weniger als 27 Skilifte und 41 markierte Skipisten liegen in 1200 bis 1800 Metern Höhe verstreut in der bildschönen Region um das Trentiner Dorf. Auch jetzt im Sommer beeindruckt die Region durch ihr idyllisches Landschaftsbild. Auch wenn es schwer fällt, irgendwann müssen wir doch los und über die faszinierenden Serpentinen südlich von Folgaria wedeln wir wieder hinunter ins Tal des Fiume Adige.

Mit einem allerletzten, aber dennoch beeindruckenden Kurvenreigen schlagen wir einen großen, südlichen Bogen um den gut 2 000 Meter hohen **Monte Stivo** zwischen Rovereto und Riva. Auch hier fordern die knackigen Kehren volle Aufmerksamkeit. Bei Gegenverkehr, den es hier aber nur selten gibt, kann es auch schon mal etwas eng werden. Dafür belohnt die Strecke aber auch mit reichlich Spaß. Und als zweite Belohnung gibt es im anschließenden Städtchen **Arco**, nur wenige Kilometer vor **Riva del Garda**, am Unterlauf des Flusses **Sarca**, ein mächtiges Eis in der örtlichen Eisdiele – das haben wir heute aber auch ehrlich verdient.

Der wohlverdiente Eisbecher zum Schluss der Tour.

INFOS ZUR TOUR

CHARAKTERISTIK
Die Straßen sind prima, meist guter Asphalt, viele Kurven, die allesamt fahrbar sind. Landschaftlich sind die Höhenzüge östlich des Gardasees ein echtes Highlight. Mountainbiker, Radler, Wanderer, viele fahren nur wegen dieser Ecke an den Gardasee. Vorsicht nur im Herbst. Es gibt einige waldige Anschnitte und wenn das Laub die Straßen bedeckt, kann es schon mal heikel werden.

PÄSSE DER TOUR
Hier gibt zwei Pässe: den sehr schönen Passo Pian delle Fugazze am Monte Pasubio (1160 m) – er ist von November bis März gesperrt – und den eher unbekannten Passo della Borcola (1207 m), dessen Wintersperre sich nach Witterung richtet.

ÜBERNACHTUNG
Hotel Doria (siehe Seite 37)

Hotel Villa Alba
Via Gardesana 196, I-37018 Malcesine

Hier liegt der Schwerpunkt klar auf dem Motorradtourismus, Service und Gastfreundschaft werden groß geschrieben, prima Ausstattung.
www.motorradhotel.it
GPS 45.757457, 10.807493

Hotel Al Castello
Via Gardesana 58, I-37010 Torri del Benaco
Gemütliches Hotel in toller Lage mit freundlichem Service, Trockenraum und Tourenvorschlägen.
www.hotelalcostello.com
GPS GPS 45.606477, 10.686070

KOMBINATIONSMÖGLICHKEITEN
Als Kombination bietet sich natürlich die Tour 1 an, allerdings sind beide Touren an einem Tag wohl kaum zu schaffen. Wer einfach nicht genug Kilometer fahren kann, hängt noch einen Abstecher an die Monti Lessini an. Die liegen südlich des Pasubio. Alternativ kann man auch bis Trento fahren und dann südwestlich davon über Cavedine zurück.

TOUR 3 DURCH DIE DOLOMITEN

Pässe, Pässe, und noch mehr Pässe

Gleich zehn spektakuläre Alpenpässe liegen auf dieser fantastischen Runde durch die Dolomiten. Hier kommen nicht nur Kurvenfreaks auf ihre Kosten, auch landschaftlich sucht diese Tour ihresgleichen. Wie auf der sprichwörtlichen Achterbahn, geht es durch grandiose Landschaften Südtirols und auf einen Abstecher hinüber nach Venetien. Pässe, Pässe, und noch mehr Pässe – das Motto dieser Route ist Programm!

Motivationsspruch am Grödner Joch.

TOUR 3 DURCH DIE DOLOMITEN

TOUREN-STECKBRIEF

BASISORT
Grödner Joch (46.549808, 11.808586)

STRECKENLÄNGE
ca. 240 km

DAUER DER TOUR
7-8 Stunden

ROADBOOK
Grödner Joch, Pescosta, Gadertal, Sankt Kassiari, Passo di Valparola, Passo di Falzarego, Cortina d'Ampezzo, Lago d'Alleghe, Alleghe, Via San Tomaso, Cencenighe, Falcade, Passo di Valles, Passo di Rolle, Lago di Paneveggio, Predazzo, Cavalese, Passo di Lavazè, Passo di Costalunga, Welschnofen, Karersee, Nigerpass, Fassatal, Poza, Passo di Sella, Passo Pordoi, Passo di Campolongo, Pescosta, Grödner Joch

HIGHLIGHTS
Es würde den Rahmen sprengen, hier jetzt alle Pässe aufzuzählen, die diese tolle Runde beinhaltet. Einer ist faszinierender als der andere. Besonders gut gefallen haben uns die Zufahrten zum Pordoijoch (46.487638, 11.812068), zum Karerpass (46.407583, 11.602950) und das Grödner Joch (46.549808, 11.808586), dessen Hotel am Pass auch gleich das „Basislager" dieser Tour darstellt.

Der Streckenabschnitt ganz im Osten dieser Tour, um den Passo di Giau, ist einfach genial (46.482575, 12.053373).

Traumkulisse im Val Gardena.

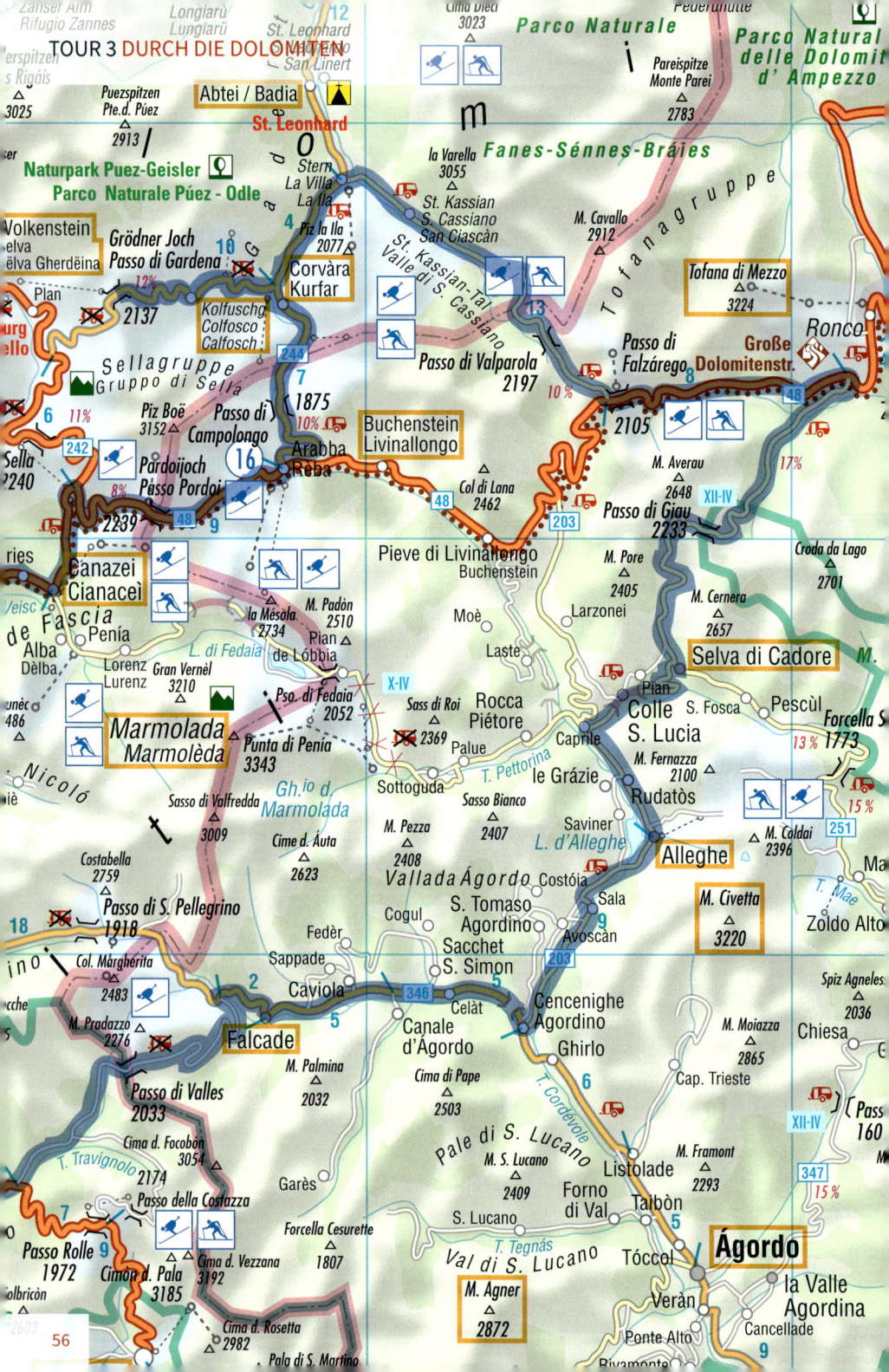

Pause mit Blick auf die Sella-Gruppe.

Ein Sonnenaufgang im Hochgebirge in 2 139 Metern Höhe, das ist schon etwas Besonderes. Extra früh haben Kiki und ich uns den Wecker gestellt, um hier oben am *Grödner Joch* einen Sonnenaufgang der Extraklasse zu erleben. Übernachtet haben wir im Hotel direkt am Pass, es ist ja auch der ideale Ausgangspunkt für spannende Dolomiten-Touren. Ein kleiner Spaziergang vor dem Frühstück in der frischen, klaren Bergluft mit fantastischer Aussicht, was will man mehr?

Ein gutes Frühstück später sitzen wir auf unserem Motorrad, rollen die östliche Zufahrt des Grödner Jochs zu Füßen der *Sella-Gruppe* herunter und freuen uns über die geniale Streckenführung und die unzähligen Kurven. Kurz muss ich mich bei *Pescosta* orientieren, dann biege ich in das *Gadertal* ab.

Motorradfahrer-Land

Auch hier sind die Berghänge mit Skiliften gespickt, die ganze Region ist im Winter ein beliebtes Skigebiet. Jetzt im Sommer ist es fest in der Hand der Motorradfahrer. Und nicht umsonst, kaum gebe ich wieder Gas, da tauchen am Straßenrand schon gleich die Hinweisschilder auf die nächsten Pässe auf: *Passo di Valparola* und *Passo di Falzarego*. Das lassen wir uns natürlich nicht zweimal sagen. Den Blin-

TOUR 3 DURCH DIE DOLOMITEN

Griffiger Asphalt und großartige Landschaft – was will man mehr?

Geradeaus ist woanders.

ker gesetzt und schon geht es vorbei an *Sankt Kassiari* gen Süden. Bald haben wir den 2 197 Meter hohen *Passo di Valparola* erreicht. Er liegt schon jenseits der südtiroler Grenze in *Venetien*. In dem ehemaligen *Fort Tre Sassi* direkt an der Passhöhe ist ein kleines Museum eingerichtet. Es informiert über das Geschehen in den umliegenden Bergen in der Zeit des Ersten Weltkriegs.

Pass-Cappuccino

Keine drei Kilometer weiter rollen wir schon wieder aus, wir sind am *Passo di Falzarego*. Über die Höhe scheint man sich nicht ganz einig, auf dem Passschild steht 2 105 Meter, das direkt gegenüberliegende Café verkündet 2 117 Meter. Wie auch immer, obwohl noch nicht lange unterwegs, gönnen Kiki und ich uns hier unseren obligatorischen Pass-Cappuccino. Der Falzarego ist ein beliebter Motorrad-

treff und so sind wir auch schnell im Gespräch mit dem einen oder anderen Reisenden.

Cortina d'Ampezzo steht auf dem Schild, das wir gerade passieren. Die gut ausgebaute SS 48 führt mit tollen Schlenkern nach Osten – zehn Kilometer schneller Kurvenspaß vom Feinsten. Dann heißt es, den Blinker rechts setzen und auf die ech-

AUTOREN-TIPP

MOUNTAINBIKEN IN DEN DOLOS Wie wäre es denn mal, die müden Motorradfahrerbeine ein wenig in Schwung zu bringen und mit dem Mountainbike eine Runde durch die Dolomiten zu strampeln? Keine Sorge, es muss ja nicht gleich die Monstertour auf die Gipfel werden. Alta Badia Bike Shop & Rental verleiht gute Mountainbikes und dort bekommt man auch gleich prima Tipps, mit welchen Seilbahnen es mitsamt des Bikes in die Höhe geht. Oben eine aussichtsreiche Runde drehen und dann die Wege entlang der Berghänge nach unten schießen – Mountainbiken as its best! Alle Infos und Kontakte findet man im Internet unter www.altabadiabike.com.

TOUR 3 DURCH DIE DOLOMITEN

Teil-Etappe der Sella- Ronda: das Grödner Joch.

TOUR 3 DURCH DIE DOLOMITEN

te Traumstraße SP 638 abzubiegen. Deren Asphalt windet sich wie eine abgerollte Luftschlange durch die Dolomitenberge. Rechts, links, rauf und runter, von einer Schräglage in die nächste. Über den *Passo di Giau* geht es immer weiter mit fantastischen Aussichten. Wer auch nur ein bisschen Sinn für Natur und grandiose Panoramen hat, sollte hier allerdings aufpassen. Der Blick in die Landschaft lenkt bisweilen heftig von der Streckenführung ab, und wer nicht aufpasst und vom Asphalt abkommt, hat ein Problem – oder auch nicht mehr. Denn ab und an geht es schon richtig in die Tiefe gleich neben der Fahrbahn, ohne Leitplanke versteht sich.

Die SR 203 lässt uns ein wenig verschnaufen. Nach den ersten Serpentinen geht es hier etwas ruhiger zur Sache. Eine kurze Pause gönnen wir uns

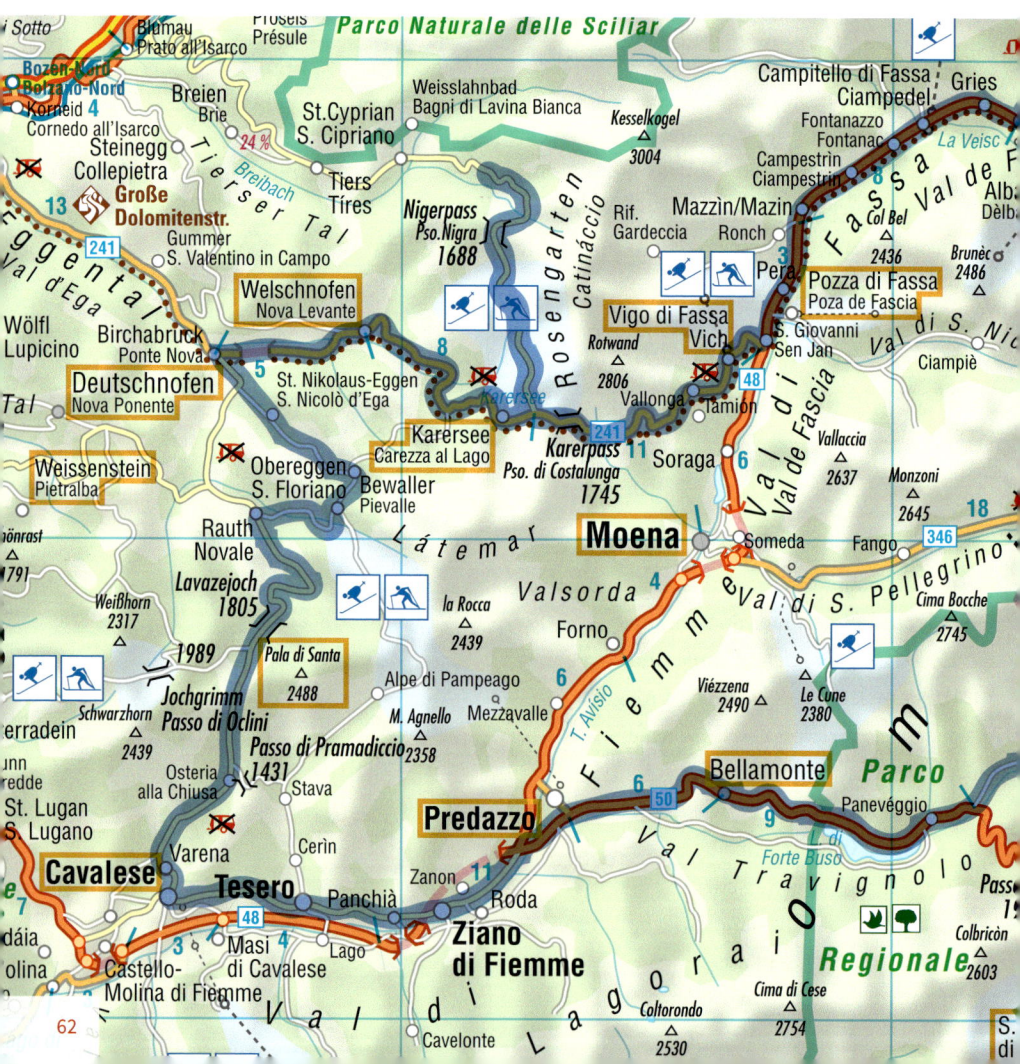

am *Lago d'Alleghe*, gleich gegenüber des gleichnamigen Ortes. Idyllisch liegt der See in der Sonne, ein beliebter Wanderweg führt um ihn herum. Weitaus weniger idyllisch ist die Entstehungsgeschichte dieses malerischen Gewässers.

Die Wand der Wände

Im Januar 1771 donnerte ein Erdrutsch mit gewaltigen Gesteinsmassen den *Monte Piz* herunter und begrub die kleinen Dörfer *Riete*, *Fusine* und *Marin* komplett unter sich. Die Erdmassen stauten den Fluss *Cordevole* auf und es entstand innerhalb weniger Tage der Lago d'Alleghe, wobei vier weitere kleine Orte überflutet wurden und von der Bildfläche verschwanden.

Ein Abstecher ins schöne *Alleghe* lohnt sich. Hier präsentiert sich übrigens auch die „Wand der Wände",

die unter Bergsteigern weltbekannte Nordflanke des *Monte Civetta*, eine der größten vertikalen Flächen der ganzen Dolomiten. Auch Mountainbiker schätzen den Ort, über dessen Lifte sich spannende Hochgebirgsstrecken und Abfahrten erreichen lassen.

Via *San Tomaso* düsen wir weiter nach Süden, bis wir bei *Cencenighe*

Benvenuti – Herzlich willkommen!

Zwischen Rosengarten und dem Latemar – der Karerpass.

TOUR 3 DURCH DIE DOLOMITEN

Von diesen Panoramen kriegen wir einfach nie genug.

Motorradtreff am Pordoijoch.

in Richtung *Falcade* abbiegen. Dicht bewaldete Berghänge rechts und links der Landstraße wechseln sich mit satten grünen Wiesen ab. Urige Berghöfe liegen verstreut an den Hängen. Im Norden fällt unser Blick auf das gewaltige Bergmassiv der *Marmolata*, im Süden ragen die Dreitausender der Palagruppe in den Himmel.

Und schon überqueren wir den nächsten Pass: den *Passo di Valles*. In 2 032 Metern Höhe markiert der *Vallespass* die Grenze zurück nach *Südtirol*. Auf der gemütlichen Außenterrasse des Rifugio Capanna stärken wir uns mit einer kräftigen Brotzeit.

Touristisches Kleinod

Keine fünf Kilometer weiter passieren wir in 1984 Metern Höhe den *Passo di Rolle*. Als eine der ältesten Passstraßen der Dolomiten wurde er schon 1872 eingeweiht. Genutzt wurde dieser Alpenübergang aber bereits im Mittelalter als wichtige Handelsstrecke. Vorbei am *Lago di Paneveggio* halten wir uns in westliche Richtung, durchqueren das *Val Travignolo*, streifen *Predazzo* und erreichen schließlich

Cavalese. Hier wechseln wir die Richtung. Ich biege nach Norden ab, und für ein paar Kilometer folgen wir der in Tour 7 beschriebenen Überquerung des *Passo di Lavazè*. Wir tauchen aber nicht in das bildschöne Eggental ab. Uns reizt diesmal die Strecke über den *Passo di Costalunga* – den Karerpass.

Welschnofen, das touristische Kleinod an der Dolomitenstraße, ist der Einstieg in die herrliche Bergstrecke, die vom *Eggental* auf den 1752 Meter hohen *Karerpass* führt. Vorbei am herrlich gelegenen Karersee, arbeiten wir uns über unzählige Kurven den Berghang hinauf, bis wir schließlich den Pass erreichen. Der ist eigentlich mehr eine Hochfläche als ein markanter Übergang. Zu Füßen der fast 3000 Meter hohen *Rosengartenspitze* gönnen wir uns einen kurzen Abstecher zum *Nigerpass*, mit fast 24 Prozent Steigung einer der steilsten Pässe Italiens. Zurück am Karer schlagen wir den Weg nach Norden ein, ins *Fassatal*.

Große Dolomitenstraße

Die *Grande Giro delle Dolomiti*, die Große Dolomitenstraße, führt uns über *Poza* gleich in das nächste Kurvenparadies, zum *Passo di Sella* und weiter zum *Passo Pordoi*. Mit einer Höhe von 2239 Metern ist das *Pordoijoch* der zweithöchste asphaltierte Gebirgspass der italienischen Dolomiten. Klar, dass Kiki und ich hier oben erstmal einen Stopp einlegen. Dem

Der Nigerpass verbindet das Tierser Tal mit dem Karerpass.

TOUR 3 DURCH DIE DOLOMITEN

Traumhafte Dolomitengipfel unweit des Nigerpasses.

grandiosen Panorama und der einladenden Terrasse des Cafés können wir einfach nicht widerstehen. Das Pordoijoch ist bei Motorradfahrern, Radlern und Wanderern gleichermaßen beliebt. Zahlreiche Wanderwege und spannende Steige starten von hier, einige von Ihnen gehören zu den schönsten der Dolomiten.

Unglaublicher Pässereigen

Nicht zuletzt ist der Passo Pordoi regelmäßig Etappe des Giro d'Italia und im Winter ein beliebtes Skigebiet und ein wichtiger Teil des riesigen Verbunds Dolomiti Superski.

Als hätten wir für heute noch nicht genug Pässe erlebt, steht gleich hinter der kurvenreichen Ostrampe des Pordois der nächste Gebirgspass bereit, der *Passo di Campolongo*. In 1875 Metern Höhe windet er sich zwischen der *Sella-Gruppe* und *Corvara* hindurch und führt uns schließlich nach *Pescosta* – für uns die letzte Etappe dieses unglaublichen Pässereigens. Nur noch den Blinker setzen, den Schildern zum Grödner Joch folgen und nach ein paar letzten Kilometern lasse ich unser Motorrad am Grödner Joch ausrollen, wo wir heute morgen diese tolle Pässetour starteten. ◀

INFOS ZUR TOUR

CHARAKTERISTIK
Pässe, Pässe und noch mehr Pässe – Diese Tour ist durchaus anspruchsvoll. Mit der nötigen Muße ist sie zwar auch von weniger erfahrenen Piloten machbar, aber damit tut man sich keinen Gefallen. Landschaftlich ist Tour 3 der absolute Kracher: Graue, riesige Felstürme, mächtige Gipfel, grüne Almen, bildschöne Bergdörfer. Dürften wir nur eine Runde fahren, es wäre genau diese..

PÄSSE DER TOUR
Gleich zehn Pässe hält dieser grandiose Tripp bereit: Grödner Joch (2 121 m), Passo di Valparola (2 192 m) Passo di Falzarego (2 105 m), Passo di Valles (2 032 m), Passo di Rolle (1984 m), Passo di Lavazè (1808 m), Passo di Costalunga (1745 m), Passo di Sella (2 218 m), Passo Pordoi (2 239 m), Passo di Campolongo (1875m) und gleich nochmal das Grödner Joch (2 121 m).

ÜBERNACHTUNG
Hotel Cir am Grödner Joch

Passo Gardena 5, I-39048 Selva di Val Gardena
Traumhafte Lage mit schönem Restaurant mit regionalen Spezialitäten wie Schokoladenfondue.
www.hotelcir.com
GPS 46.550612, 11.807642

Hotel Castel Latemar
Karerseestraße 136, I-39056 Welschnofen
Eingefleischtes Motorradhotel in toller Lage mit sehr nettem Ambiente und ausgezeichneter Küche, geführte Touren, gut ausgestattete Werkstatt, Tourenkarten und Garage fürs Mopped.
www.castellatemar.it
GPS 46.406895, 11.603444

KOMBINATIONSMÖGLICHKEITEN
Kombinieren lässt sich Tour 3 sehr gut mit Tour 7, ist dann allerdings als Tagestour eher nicht zu schaffen. Echte Vielfahrer, die nicht genug bekommen können, hängen den Passo di Fedaia an oder vergrößern die Runde im Osten über Zoldo Alto und Agordo.

TOUR 4 ZWISCHEN MERAN UND STELVIO

Die Nationalparkrunde

Der Pässereigen rund um den Nationalpark Stilfser Joch gehört zu den schönsten und spannendsten Runden, die sich im Trentino drehen lassen. Grandiose Pässe, herausfordernde Bergstraßen, faszinierende Landschaften und interessante, einladende Orte wechseln sich stetig ab. Meran, Start und Ziel dieser Route, ist einen eigenen Besuch wert und der Abstecher in die Lombardei, in das Valfurva-Tal, ist das „Sahnehäubchen" dieser Tour.

Das Stilfser Joch ist der höchste Gebirgspass Italiens.

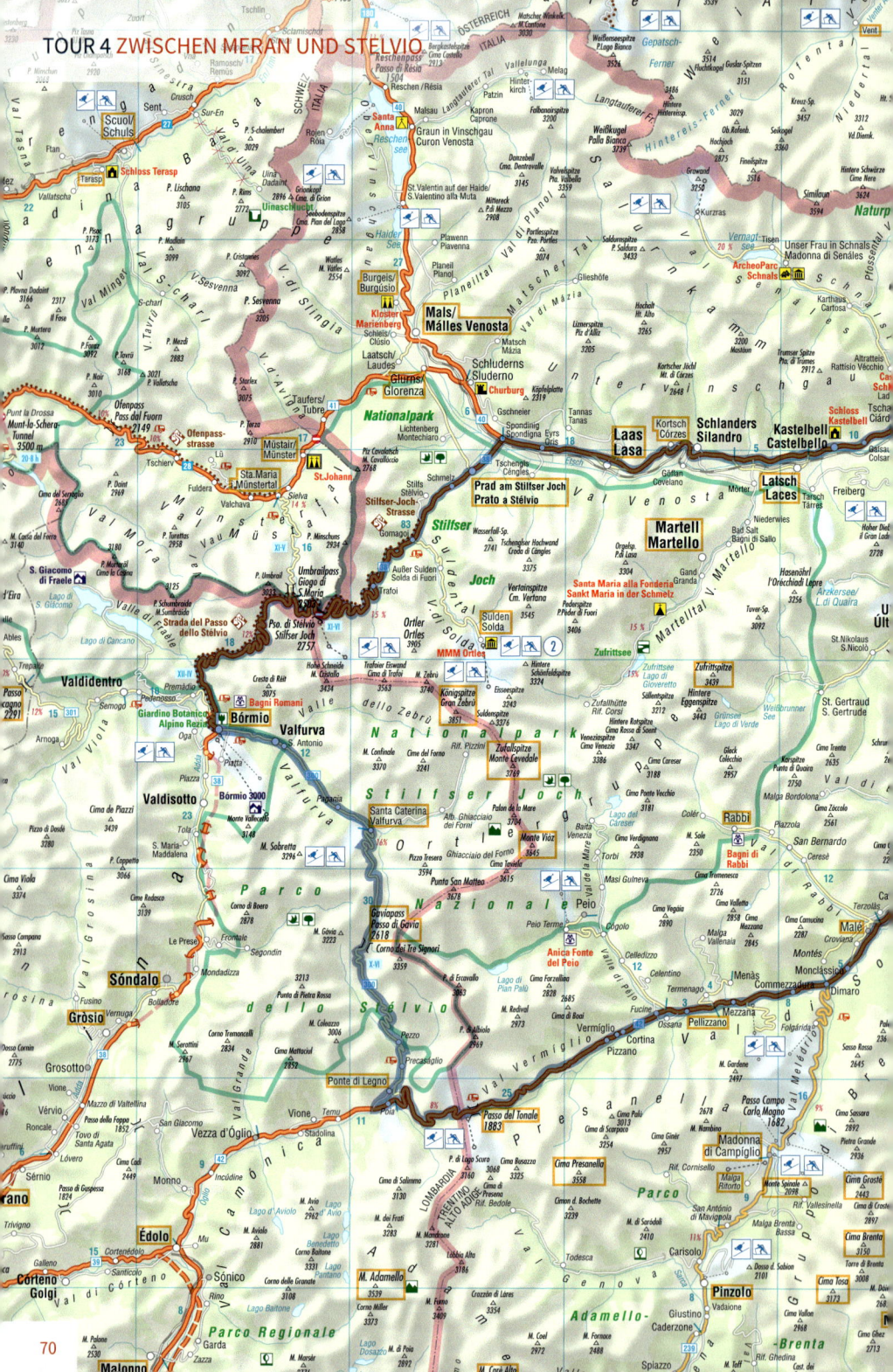

TOUREN-STECKBRIEF

BASISORT
Meran (46.669566, 11.159543)

STRECKENLÄNGE
ca. 240 km

DAUER DER TOUR
7-8 Stunden

ROADBOOK
Meran, Naturns, Latsch, Schlanders, Prad am Stilfser Joch, Stilfser Joch, Valle del Braulio, Bormio, Ortlergruppe, Gaviapass, Ponte di Legno, Passo del Tonale, Val Vermiglio, Malè, Lago di Santa Giustina, Gampenjoch, Südtiroler Weinstraße, Meran

HIGHLIGHTS
Keine Frage, der König der Pässe, das Stilfser Joch oder, wie der Italiener sagt, der Passo dello Stelvio, ist DAS Highlight dieser Runde (46.528681, 10.452960).

Das Val Gavia mit dem gleichnamigen Gaviapass ist eine echte Offenbarung und fahrerische Herausforderung für alle, die schon etwas Pass-Erfahrung besitzen (46.343758, 10.484294).

Auch der Streckenabschnitt rund um das Gampenjoch hinunter nach Meran ist ein Fest für's Auge und für die Gashand (46.530394, 11.112286).

TOUR 4 ZWISCHEN MERAN UND STELVIO

Aus dem Val Venosta geht's hinauf Richtung Stelvio.

Meran, die zweitgrößte Stadt Südtirols, ist immer einen Besuch wert. Die ehemalige Tiroler Landeshauptstadt überzeugt nicht nur mit ihrer mittelalterlichen Altstadt, mit der Burg auf dem Stadtgebiet und viel mediterranem Flair, sondern auch mit ihren interessanten Promenaden, auf denen es sich herrlich flanieren lässt. Darüber hinaus liegen in der nahen Umgebung gleich mehrere Burgen und Schlösser.

Und – natürlich – ist Meran der ideale Ausgangspunkt für fantastische Motorradtouren durch *Südtirol* und die angrenzende *Lombardei*.

Genau so eine steht heute bei Kiki und mir auf dem Programm. Unser erstes Ziel ist der *Vinschgau*, besser gesagt das *Tal der Etsch*, des zweitlängs-

ten Flusses Italiens. Aus dem *Ötztal* kommend, schmirgelte der – in Italien *Adige* genannte – Fluss in Jahrtausenden das bildschöne Tal zwischen Meran und dem *Reschensee* aus dem Gestein. Hier teilt sich die Landstraße die Streckenführung mit Fluss und Bahn. Es geht durch urige Orte wie die *Marktgemeinde*

Naturns, in der Schloss Juval liegt. Dies ist der Wohnsitz Reinhold Messner. Weiter durch Latsch, das mit gleich mehreren interessanten Burganlagen protzt, und schließlich nach *Schlanders*, in den Hauptort des Vinschgaus. Die Liste der Sehenswürdigkeiten in Schlanders ist lang, ein ganzer Tag reicht nicht wirklich, um sich alle historischen Kleinode des Ortes anzuschauen.

Der Rotfuchs ist Teil der reichhaltigen Alpenfauna.

AUTOREN-TIPP

MESSNER MOUNTAIN MUSEUM Sechs Orte, sechs Ausstellungen, sechs Erlebnisse – unter diesem Motto hat Bergsteiger-Legende Reinhold Messner ein Museumsprojekt mit sechs ungewöhnlichen Standorten in Südtirol und Belluno aufgebaut. Mehr eine Begegnungsstätte als ein Museum sind die sechs einzelnen Standorte. Zwei davon liegen dicht an dieser Route: Das Museum in Sulden am Ortler ist wie eine Höhle unterirdisch angelegt und dem Thema Eis gewidmet. Schloss Juval, das Privatschloss Reinhold Messners ist dem Mythos Berg gewidmet und ungemein kurzweilig. Das komplette Projekt ist unter **www.messner-mountain-museum.it** ausführlich beschrieben, bebildert und nicht nur für Bergfreunde hochinteressant.

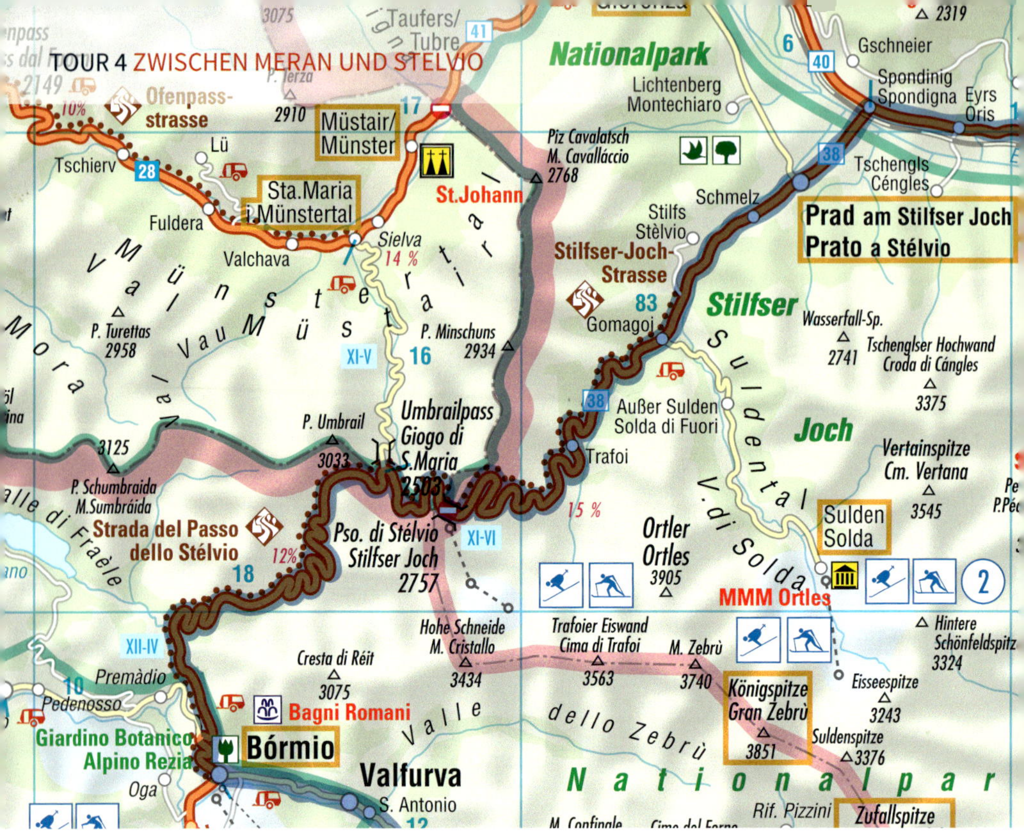

Beliebter Treffpunkt: Die Franzenshöhe in 2 188 Meter Höhe.

Zwar reizt es uns, dem tollen Ort einen Besuch abzustatten, das verschieben wir aber erstmal und düsen weiter durch das Etschtal. Noch gut zehn Kilometer, dann erreichen wir *Prad am Stilfser Joch*. Wie der Name schon sagt, ab hier beginnt die Zufahrt zum König der Pässe, zu unserem ganz persönlichen Favoriten im Reigen der großen Bergübergänge. Die ersten Kilometer geht es noch gemütlich zur Sache, dann, mit zunehmender Steigung, nimmt auch die Zahl der Kurven zu. Im weiteren Verlauf wird die Strecke immer spektakulärer, um schließlich einen grandiosen Blick auf die mächtigen Kehren zu präsentieren, die sich an den Berghängen hinauf zum höchsten Gebirgspass Italiens schwingen. Begeistert meistern wir Kehre um Kehre, dank unserer Berg- und Klettererfahrung mit dem Motorrad kein Problem. Aber Vorsicht, die anspruchsvollen Kehren des *Passo dello Stelvio* haben schon so manchem Motorradfahrer den Angstschweiß auf die Stirn getrieben – Autofahrern übrigens auch.

In die Lombardei

In 2757 Metern Höhe lasse ich unser Motorrad am Pass ausrollen. Die Aussicht ins Tal hinunter ist einfach genial. In der Sonne stärken wir uns mit einem ordentlichen Cappuccino und schauen dem munteren Treiben auf dem zweithöchsten asphaltierten Alpenpass zu.

Auf der Passhöhe geht es hinüber in die Lombardei. An der Westseite lassen wir uns wieder ins Tal hinabrollen und kurven durch das Valle del Braulio. Kernige Kurven wechseln sich mit dunklen Tunneln ab, wild schlängelt sich die Straße durch das Tal und führt uns schließlich nach *Bormio*, in den Hauptort des oberen *Veltlins*. Das Thermalbad ist auch und besonders als Zentrum des Wintersports bekannt. Immerhin wurde hier schon mehrmals die Alpine Skiweltmeister-

Das Stilfser Joch ist eine fahrerische Herausforderung …

… und oben ist die Pause dann verdient.

TOUR 4 ZWISCHEN MERAN UND STELVIO

Nur eine von
48 Kehren.

schaft ausgefochten und alljährlich gastiert hier der Skizirkus des Alpinen Skiweltcups.

Harte Bergprüfung

Gleich hinter dem Ortsausgang klettert die Straße in die westlichen Ausläufer der Ortlergruppe. Mit seinem höchsten Punkt, dem *Ortler*, ragt das gewaltige Massiv immerhin 3 905 Meter in den Himmel, und ist damit der höchste Berg Tirols. Die Ausblicke sind gewaltig und am Kreuzungspunkt der drei Täler *Valfurva*, *Val di Forni* und *Val di Gavia* überzeugt die Straße mit herausfordernden Kehren und satten 16 Prozent Steigung. Wohl dem, der schon über etwas Serpentinen-Erfahrung verfügt. Immer weiter geht es steil hinauf und bald haben wir den *Gaviapass* erreicht. Eingeschlossen zwischen dem 3 223 Meter hohen *Monte Gavia* im Westen und dem 3 360 Meter hohen *Corno dei Tre Signori* im Osten war der Gavia einst der wichtigste Pass der Venezianer. Heute ist der 2 618 Meter hohe Gavia hin und wieder eine der härtesten Bergprüfungen des legendären Giro d'Italia.

Das Stilfser Joch ist als zukünftiges Weltkulturerbe im Gespräch.

Des Motorradfahrers Traum.

TOUR 4 ZWISCHEN MERAN UND STELVIO

Eiskalter Bergsee zwischen Bormio und Gaviapass.

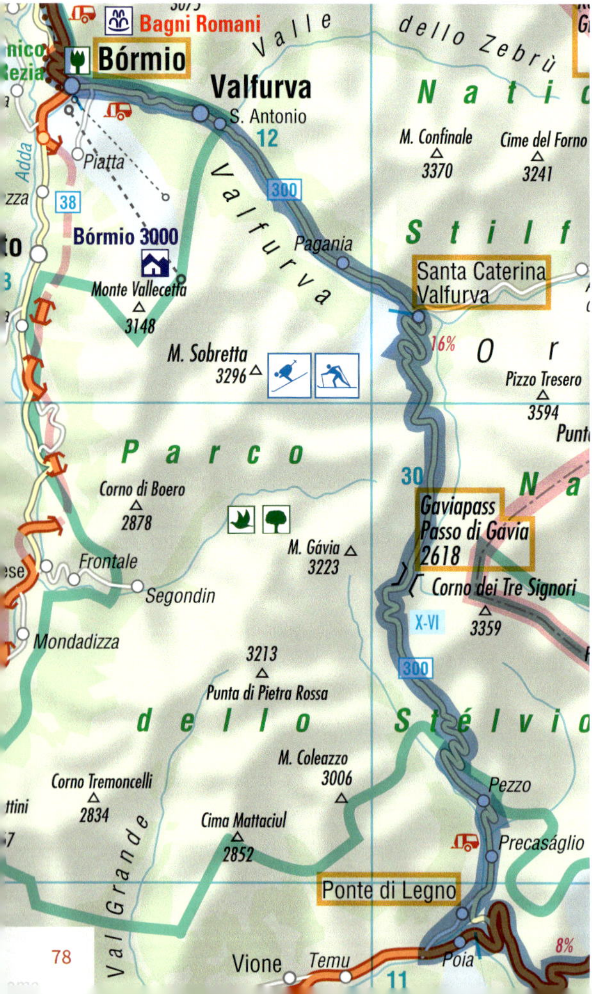

War die Nordrampe schon spannend, so entpuppt sich die Südrampe des Gavia als echte Herausforderung. Erst seit gut 20 Jahren ist sie durchgängig asphaltiert und an manchen Stellen ist der Asphalt nicht breiter als zwei Meter. Regelmäßig gibt es Ausweichstellen und wenn im Sommer in der Hauptsaison der Ausflugsverkehr bisweilen etwas stärker wird, müssen Autofahrer schon mal ein wenig Geduld mitbringen. Da tut man sich mit dem einspurigen Fahrzeug schon mal etwas leichter. Ein beherzter Dreh am Gas und schon ist man durch.

Ein guter Tropfen

Ponte di Legno, die lombardische Gemeinde am Rand des Nationalparks *Stilfser Joch*, ist ebenfalls ein bekannter und beliebter Skiort. Auf einer sonnigen Hochebene in 1258 Metern Höhe gelegen, überzeugt Ponte di Legno auch im Sommer Bergsportler und Wanderer. Am Rande der einladen-

den Fußgängerzone stelle ich unser Motorrad ab und wir schlendern ein wenig durch die interessanten Gassen des Bergdorfs. Auf dem gemütlichen Marktplatz gönnen wir uns eine leckere Brotzeitplatte mit regionalem Käse und Schinken und knackfrischem Brot. Natürlich reizt uns noch ein guter Tropfen Wein dazu, schließlich gibt es allein im Trentino gut 9 000 Hektar Rebflächen, auf denen köstliche Weine gedeihen. Aber wie das so ist, mit dem Motorradfahren verträgt sich das nicht. Macht aber nichts, wir kaufen dem netten Wirt eine Flasche ab und verstauen sie im Motorradkoffer.

Nur wenige Kilometer östlich passieren wir schon wieder den nächsten Pass, den 1884 Meter hohen *Passo del Tonale*. Hier gelangen wir wieder zurück ins Trentino und lassen die Lombardei hinter uns.

Spannende Kehren beim Gaviapass.

TOUR 4 ZWISCHEN MERAN UND STELVIO

Denkmal am Gaviapass.

Mit den letzten Kehren dessen östlicher Auffahrt beruhigt sich das Kurven-Wirrwarr und gemütlich gleiten wir durch das Val Vermiglio. Ein bisschen Erholung nach all den Schräglagen tut eigentlich auch mal gut, und wir genießen die herrlichen Ausblicke auf das Grün der Berghänge, die grauen Felsgipfel und das weiße, rauschende Nass des uns begleitenden Bergbachs. Über *Malè* führt uns die Straße bis an den *Lago di Santa Giustina*. Der gewaltige Stausee mit seiner über 150 Meter hohen Staumauer war bei seiner Fertigstellung 1951 die höchste Talsperre Europas.

Treff am Gasthaus

Ab hier gibt es zwei Alternativen zurück nach Meran. Gleich gen Norden in Richtung des *Val d'Ultimo* geht es quer durch die Berge, durch Tunnel und entlang einsam liegender Weiler. Wir entscheiden uns für die östliche Variante, folgen weiter der gut ausgebauten, aber dennoch kurvenreichen Landstraße und halten uns an die

Beschilderung in Richtung des *Gampenjochs*. 1518 Meter hoch liegt der Pass, der einst die Grenze zwischen den Königreichen *Italien* und *Bayern* markierte. Das Gasthaus auf dem Gampen ist – wie so viele Wirtschaften auf den Pässen – ein beliebter Motorrad-Treffpunkt. Auch wir nutzen die Gelegenheit, stärken uns mit einem heißen, schwarzen Espresso und

Tolles Panorama zwischen Tonale- und Gampenpass.

TOUR 4 ZWISCHEN MERAN UND STELVIO

lassen uns ein wenig die Südtiroler Sonne ins Gesicht scheinen.

Die letzte Etappe. Endspurt: Zügig lasse ich unser Mopped die Kehren hinunter ins Etschtal fliegen. Hier treffen wir auf die *Südtiroler Weinstraße*. Spontan entsteht in unseren Köpfen die Idee, mal eine Tagestour entlang dieser verlockenden Route zu unternehmen, ist bestimmt keine schlechte Idee. Jetzt geht es aber erst mal weiter gen Norden. Noch ein paar letzte wilde Schlenker, dann haben wir die ersten Vororte von Meran erreicht, überqueren die Etsch und lassen bei einem erfrischenden Eisbecher mitten in Merans Zentrum diese fantastische Tour ausklingen. ◀

Lecker Wein zu Füßen des Tonalepass.

INFOS ZUR TOUR

CHARAKTERISTIK
Eine fantastische Runde, die über großartige Strecken und Pässe führt. Für den erfahrenen Motorradfahrer ist sie Genuss pur. Für Fahranfänger ist sie ein Schlüsselerlebnis. Entweder ist man danach vom Pässe- und Kehren-Virus infiziert oder mit den Nerven am Ende. Das Stilfser Joch ist anspruchsvoll, die Südrampe des Gaviapasses allerdings auch. Zwischendurch gibt's aber auch Gelegenheit zur Erholung: zum Beispiel im Val di Sole.

PÄSSE DER TOUR
Stilfser Joch (2 757 m), Gavia Pass (2 618 m), Passo del Tonale (1884 m), Gampenjoch (1518m). Wintersperren unter **www.alpenpaesse.de**.

ÜBERNACHTUNG
Gasthof Zur Sonne
Malgasott 33, I-39010 Unsere liebe Frau im Walde
Gasthof am Gampenpass mit gemütlicher Terrasse und nettem Service, Garage, Trockenraum, Werkstatt, Tipps und mehr.
www.gasthofsonne.com
GPS 46.503441, 11.122044

Schneeburghof Garni
Segenbühelstraße 26, I-39019 Dorf Tirol
Sehr nette Pension in der Nähe von Meran, deren Wirtsleute selber Motorrad fahren. Scheune für's Mopped, Trockenräume und kleine Werkstatt.
www.schneeburghof.com
GPS 46.675737, 11.167223

KOMBINATIONSMÖGLICHKEITEN
Diese Tour lässt sich hervorragend über das Stilfser Joch mit den Touren 6 und 9 kombinieren. Vielfahrer nehmen sich die fantastischen Täler vor, die in die gedachte Mitte dieser Runde führen: Von Meran aus ins Val d'Ultimo, Latsch führt in das Martelltal und bei Stilfs lockt die Auffahrt nach Sulden. Alternativ zur Schlussetappe um das Gampenjoch lässt sich die Bergstrecke über Sankt Pankraz in Ulten wählen.

TOUR 5 EINE RUNDE UM MERAN

Tour der **Täler**

Die Sarntaler Alpen, das Penser Joch, der Jaufenpass und das imponierende Timmelsjoch mit der grandiosen Timmelsjoch Hochalpenstraße – bei dieser Tour reiht sich ein fahrerischer Höhepunkt an den anderen. Bei dem bunten Mix zwischen weiten, grünen Wiesen, riesigen, grauen Felsgipfeln und zerklüfteten Berghängen kommen auch Naturfreunde auf ihre Kosten. Unvergesslich bleibt der Besuch in Europas höchstem und modernsten Motorradmuseum mitten im Hochgebirge.

Ein Objekt der Begierde: Die Timmelsjochstraße

TOUR 5 EINE RUNDE UM MERAN

TOUREN-STECKBRIEF

BASISORT
Vilpian (46.559453, 11.223437)

STRECKENLÄNGE
ca. 220 km

DAUER DER TOUR
6-7 Stunden

ROADBOOK
Vilpian, Terlan, Bozen, Valle Sarentina, Sarntheim, Pensertal, Penser Joch, Sterzing, Jaufenpass, Sankt Leonhard, Moos in Passeier, Timmelsjoch-Hochalpenstraße, Timmelsjoch, Passeiertal, Timmelsjochstraße, Sankt Leonhard, Dorf Tirol, Meran, Vilpian

HIGHLIGHTS
Das Penser Joch am nördlichen Ende des Pensertals ist nur eines der Highlights dieser grandiosen Tour und garantiert mächtig viel Fahrspaß (46.818913, 11.440994).

Das Gleiche lässt sich über den in 2094 Meter Höhe liegenden Jaufenpass sagen (46.831807, 11.315883).

Aller guten Dinge sind bekanntlich drei. Das Timmelsjoch mit der grandiosen Timmelsjoch Hochalpenstraße und dem faszinierenden Motorradmuseum auf der Passhöhe ist DER Höhepunkt dieser Runde – viel Spaß! (46.905280, 11.097453)

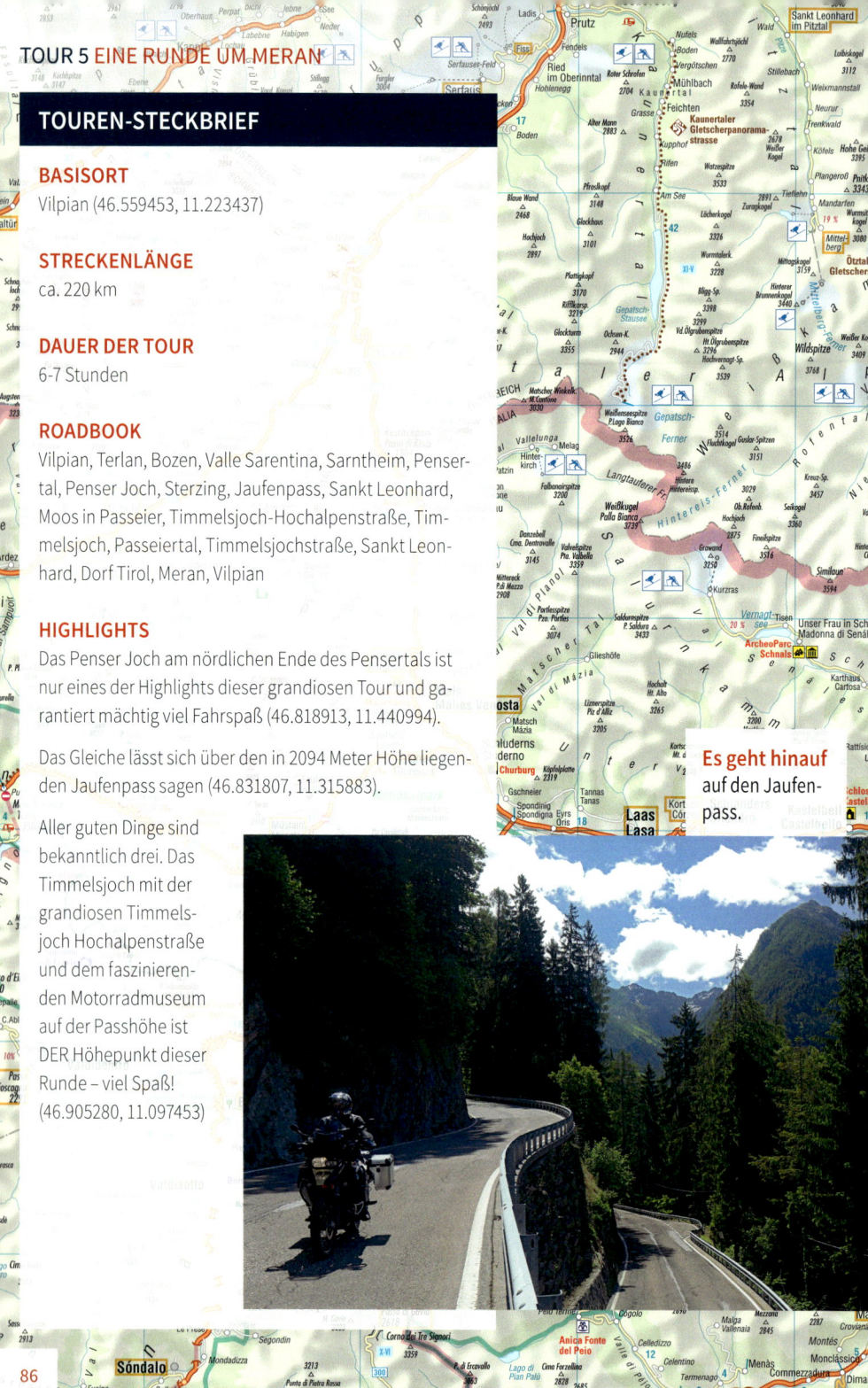

Es geht hinauf auf den Jaufenpass.

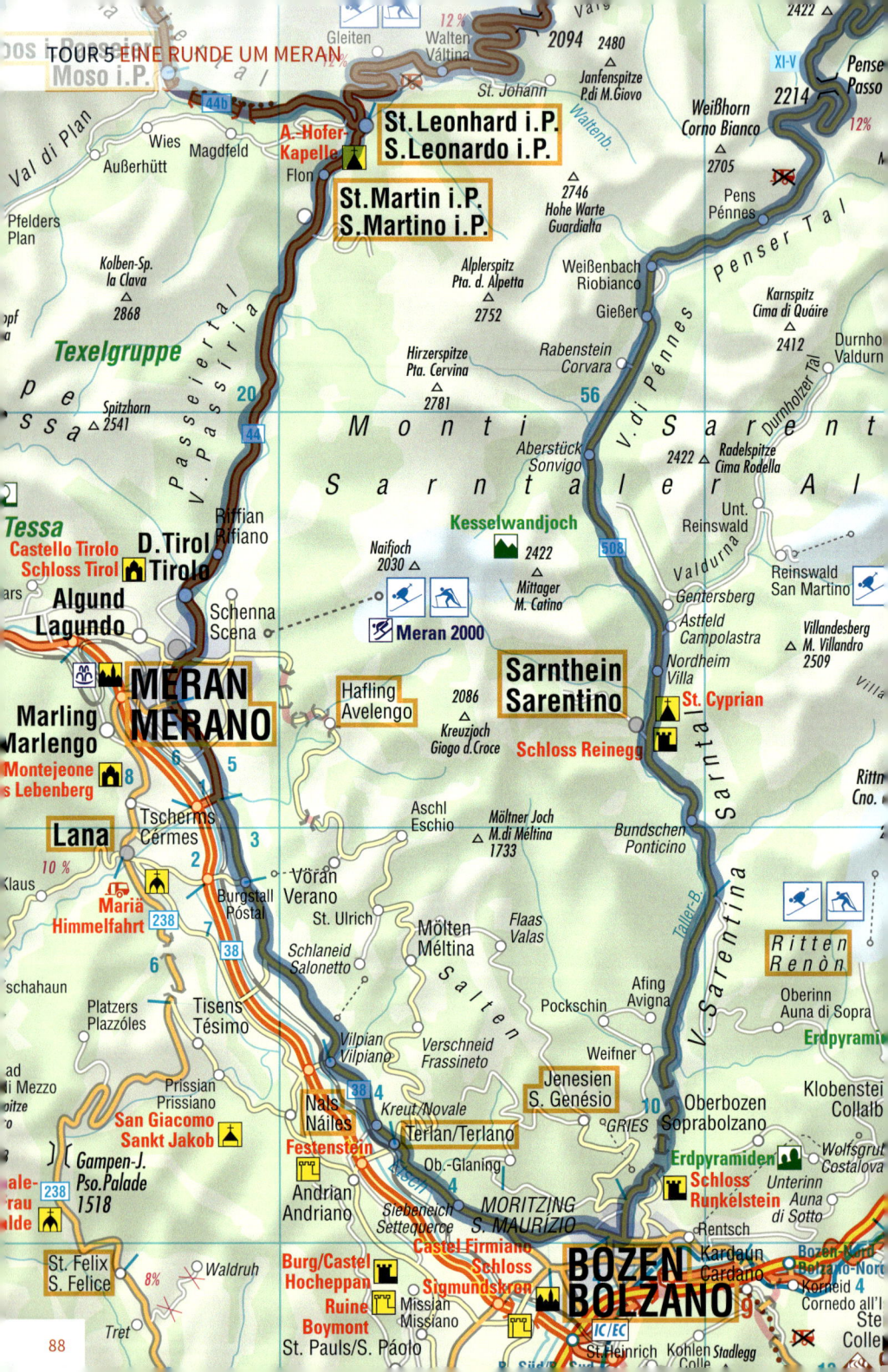

Das Tal der *Etsch*, liegt ziemlich genau zwischen *Meran* und *Bozen* – unser „Basislager" für unsere heutige Tour, der Campingplatz Ganthaler bei *Vilpian*. Ein familiärer, netter Platz, ideal für den Einstieg in unsere „Täler-Runde". Und so entlässt uns das kleine Städtchen Vilpian in Richtung Süden vorbei an riesigen Apfelbaum-Plantagen und Weinbergen.

Burg Maultasch

Noch gar nicht ganz gestartet, finden wir uns in Terlan wieder. Hier gibt es nicht nur köstlichen Spargel, der rund um die Gemeinde angebaut wird, hier ragt auch die Burg Maultasch in den Himmel, das Wahrzeichen Terlans. Sie wurde in den vergangenen Jahren teilweise restauriert und ein Besuch lohnt sich schon allein wegen des tollen Ausblicks über das Etschtal.

Typisches Bozener Haus.

Kiki und ich wollen aber Motorrad fahren, also lassen wir nicht nur Terlan, sondern auch Bozen, die Hauptstadt Südtirols, links liegen – dafür heben wir uns einen Extra-Tag auf. Uns zieht es ins *Valle Sarentina*, ins Sarntal. Das friedlich und idyllisch wirkende Tal liegt inmitten der Sarntaler Alpen, dessen höchster Gipfel, der Hirzer, immerhin 2 781 Meter in den Himmel ragt. Bevor wir aber ins Tal

Köstliche Weine gedeihen oberhalb von Bozen.

TOUR 5 EINE RUNDE UM MERAN

Vom Sarntal geht's zu den Erdpyramiden bei Ritten.

eintauchen, geht es erstmal durch einige Tunnel hinaus aus dem Stadtgebiet Bozens. Zwischen Castel Rafenstein und Schloss Runkelstein hindurch, kurven wir gen Norden und folgen dem Fluss Talfer. Das landwirtschaftlich geprägte Tal mit seinen weiten, offenen Wiesen zieht an uns vorüber. Wir passieren *Sarntheim*, Hauptort des Tals auf knapp 1000 Meter Höhe liegend, und überragt von der mittelalterlichen Burg Reinegg.

Immer höher hinauf

Mit dem Übergang vom Sarntal zum *Pensertal* und in dessen weiterem Verlauf wird die Straße kurviger und es geht höher hinauf. Mit einigen schönen Kehren kündigt sich schließlich das *Penser Joch* an. Der 2211 Meter

denz von Anfang Mai bis Ende Oktober nicht nur durchgehend warme Küche sondern auch einen leckeren Cappuccino. Einfache, aber saubere Zimmer gibt es hier übrigens auch.

Wehrhaft ist die mächtige Burg Reifenstein bei Sterzing.

Reichlich Schräglagen

Die Nordrampe des Penser Jochs ist ungleich steiler und kurviger und führt in reichlich Schräglagen hinunter nach *Sterzing*. Das quirlige Mittelzentrum war auf Grund seiner Lage schon immer eine wichtige Handelsstadt und ist heute ein gut besuchtes Touristenziel.

Tolle Gegend, durchaus auch zum Wandern.

hohe Pass bietet einen tollen Rundum-Blick, der für uns heute allerdings durch ein paar Wolkenfetzen etwas eingeschränkt ist. Zwar kommt zwischendurch immer mal wieder die Sonne heraus, aber unseren obligatorischen Vormittags-Kaffee nehmen wir heute zur Abwechslung mal drinnen ein. Das ist aber kein Problem, der Alpenrosenhof auf der Passhöhe kre-

TOUR 5 EINE RUNDE UM MERAN

Bei den Panoramen hält man gerne an.

Der Alpenrosenhof beim Penserjoch

Die schöne Altstadt lockt mit interessanten Gassen und bildschönen Fassaden. Ganz in der Nähe des Zwölferturms, dem Wahrzeichen von Sterzing, stelle ich unsere BMW ab und wir schlendern ein wenig durch die Fußgängerzone. Da uns hier unten auch nicht mehr die Wolkenfetzen um die Ohren sausen, gibt es im Schein der Sonne auch gleich eine große Waffel Eis. Natürlich das „gelatiere artigianale", das gute handgemachte und ursprüngliche, schließlich sind wir hier ja jenseits der italienischen Grenze.

Kurvenorgie pur

Bevor wir uns auf die Reifen machen, den *Jaufenpass* zu erklimmen, steht noch ein kurzer Abstecher zur Burg Reifenstein auf dem Programm. Schon von weitem zu sehen, ist sie aber dennoch nicht so schnell zu finden. Über einen geteerten Wirtschaftsweg gelangen wir dann aber doch noch bis kurz vor den mächtigen Felsen, auf dem die beeindruckende Feste thront. Auch wenn wir heute keine Besichtigung

Sympathisches Städtchen mit Flair: Sterzing

geplant haben, möchten wir doch wenigstens einen Blick auf die Burg im Sterzinger Moos werfen, schließlich zählt sie zu den besterhaltensten Burgen Südtirols. Kein Wunder, war sie doch nie erobert oder zerstört worden.

In Richtung Südwesten verlassen wir Sterzing über die Staatsstraße 44. Und kaum haben wir die Stadtgrenze hinter uns gebracht, geht es auch schon los mit den Serpentinen. In herrlichen Kehren arbeitet sich der Asphalt in einer einzigen Kurvenorgie hinauf auf den *Passo di Monte Giovo*, den Jaufenpass. Der verbindet auf 2 094 Metern Höhe das *Passeiertal* mit dem *Ratschingstal* und gilt als nördlichster inneritalienischer Alpenpass. Für uns ist ein Stopp ein Muss. Haben wir doch schon vorher die Empfehlung bekommen, auf dem Jaufen unbedingt in der Edelweißhütte einzukehren

TOUR 5 EINE RUNDE UM MERAN

und dort den Apfelstrudel zu probieren. Gesagt, getan – und es lohnt sich. Hiermit geben wir den Tipp weiter: Also, unbedingt in die Edelweißhütte einkehren und den köstlichen Apfelstrudel probieren – es lohnt sich!

Höher und höher

Gen Süden lassen wir uns die Kehren des Jaufen wieder hinabrollen und freuen uns schon auf das kommende Highlight. Bei *Sankt Leonhard* heißt es rechts abbiegen ins Passeiertal, dann noch einige wenige Kilometer bis Moos in Passeier, und schließlich biegen wir ein auf eine der spektakulärsten Motorradstraßen Europas, die *Timmelsjoch-Hochalpenstraße*. Immer höher und höher schraubt sie sich zu Füßen des 3 115 Meter hohen Kirchenkogel hinauf auf den Gipfel. Immer spektakulärer werden die Panoramen, immer herausfordernder die Kurven und Kehren. Kleine Tunnel

AUTOREN-TIPP

EUROPAS HÖCHSTES MOTORRADMUSEUM Direkt am Timmelsjoch, gleich neben der Mautstelle, entstand zwischen 2015 und 2016 der sogenannte Top Mountain Crosspoint. In einem hochmodernen Gebäude mit fantastischem Blick in die umliegende Bergwelt finden Besucher nicht nur ein uriges Restaurant mit einer tollen Panoramaterrasse, sondern auch Europas höchstes Motorradmuseum. Auf einer Fläche von gut 2 500 Quadratmetern präsentieren die Brüder Alban und Attila Scheiber aus Hochgurgl

über 230 klassische Motorräder in einer hochinteressanten Ausstellung. Üblicherweise ist das Museum wie die Timmelsjoch Hochalpenstraße von Ende Mai bis Ende Oktober von 8.30 Uhr bis 19 Uhr geöffnet und kostet zehn Euro Eintritt pro Person. Alle weiteren Infos gibt es unter **www.crosspoint.tirol**.

Für die Einkehr: Rasthaus am Timmelsjoch

wechseln sich mit Serpentinen ab, kurze, gerade Streckenabschnitte gehen in kernige Biegungen über. So macht Motorradfahren Spaß!

Am Timmelsjoch

Seit 1919 verbindet das *Timmelsjoch* Österreich und Italien in einer Höhe von 2 474 Metern. Es ist der einzige Pass zwischen dem östlich gelegenen Brenner und dem Reschen im Westen und verbindet das *Ötztal* mit dem Passeiertal. Das Timmelsjoch ist nicht nur Österreichs höchstgelegener Grenzübergang, hier befindet sich auch gleich die Mautstelle für den mautpflichtigen Teil der Straße. Da wir heute gar nicht weiter hinüber nach Österreich wollen, parke ich unser Motorrad gleich neben der Zahlstelle. Denn für

Man trifft sich im Passeiertal.

Motorradfahrer gibt es hier natürlich ein ganz wichtiges Ziel, an dem niemand vorbeikommt: Europas höchstes Motorradmuseum.

Historische Sammlung

In dem neuen, hochmodernen Gebäude direkt neben der Mautstation präsentieren die Brüder Alban und Attila Scheiber aus Hochgurgl ihre Sammlung von rund 230 Exponaten von mehr als 100 Herstellern. Die außergewöhnliche Ausstellung historischer Motorräder begeistert seit 2015 unzählige Besucher. Auf 2 600 Quadratmetern Ausstellungsfläche wird hier lebendige, faszinierende Motorradgeschichte präsentiert. Kiki und ich staunen über die urigen Motorräder, die mit viel Liebe und historischen Accessoires inmitten hochmoderner Architektur gezeigt werden. Den moderaten Eintritt in Höhe von zehn Euro zahlen wir dafür gerne. Auch das zum Museum gehörige urige Restaurant mit der herrlichen Panorama-Terrasse gefällt uns. Es ist der richtige Ort, um die vielen Eindrücke aus der interessanten Sammlung zu verarbeiten und sich für den spannenden Rückweg zu stärken.

Das Passeiertal führt uns über *Moos* wieder in Richtung Sankt Leonhard. In umgekehrter Richtung befahren, wirkt die Timmelsjochstraße wie eine ganz andere Strecke – doppelter Ge-

Es geht Richtung Jaufenpass.

Toller Talblick bei St. Leonhard.

TOUR 5 EINE RUNDE UM MERAN

nuss sozusagen. Wie schon auf dem Hinweg, bleiben wir an der einen oder anderen Stelle stehen, genießen fantastische Aussichten und einfach nur die Natur um uns herum. Bei Sankt Leonhard macht das Passeiertal einen Knick in Richtung Süden. Wir folgen den Schildern in Richtung Meran und kurven am Rande des Naturparks *Texelgruppe* durch herrliche Weinbaugebiete und über sonnenbeschienene Hänge. Kurz vor Meran passieren wir das *Dorf Tirol* mit seinem mächtigen Schloss, in dem heute das Südtiroler Landesmuseum für Kultur- und Landesgeschichte residiert. Wer sich etwas intensiver für die Region interessiert, dem sei ein Besuch in diesem kurzweiligen Museum empfohlen.

Quer durch Meran gelangen wir schließlich wieder an die Ufer der Etsch. Heute haben wir zwar keine Intention mehr, das großartige Meran zu erkunden, aber wir sind ja noch ein paar Tage hier. Für uns geht es jetzt auf die letzten Kilometer nach Vilpian auf unseren Campingplatz. Der Pool wartet schon. ◀

INFOS ZUR TOUR

CHARAKTERISTIK
Diese Tour ist wieder eine Motorrad-Runde für den puren Genuss. Der prima Mix aus relaxten Landstraßen, kernigen Pässen, grandiosen Hochgebirgsstraßen und beschaulichen Ortsdurchfahrten macht diese Tour zu etwas wirklich ganz Besonderem. Hier sollte wohl wirklich jeder reisende Motorradfahrer auf seine Kosten kommen – egal welche Ansprüche er hat. Allerdings sollte man sich Zeit mitbringen, denn rechts und links der Route gibt es eine ganze Menge zu sehen. Das Motorradmuseum ist da natürlich das Tüpfelchen auf dem „i".

PÄSSE DER TOUR
Penser Joch (2 211 m), Jaufenpass (2 094 m), Timmelsjoch (2 474 m) Das Timmelsjoch ist nur in der Zeit von 7 bis 20 Uhr befahrbar. Wintersperren unter www.alpenpaesse.de.

ÜBERNACHTUNG
Schneeburghof Garni (siehe Seite 85)

Camping Ganthaler
Kleiner, netter und familiärer Campingplatz mit ansprechendem Restaurant und Pool.
www.campingganthaler.com
GPS 46.567266, 11.222653

Gasthof Lanthaler
Dorf 36, I-39013 Moos in Passeier
Freundlicher Gasthof mit ausgezeichneter Küche. Garagen für das Mopped.
www.gasthof-lanthaler.it
GPS 46.831580, 11.166905

KOMBINATIONSMÖGLICHKEITEN
Kombinieren lässt sich diese Route sehr gut mit der Tour 4. Vielfahrer düsen über das Timmelsjoch hinaus nach Sölden in Österreich oder erkunden die Stichstraßen ins Ridnauntal im Norden der Tour oder in das Val d'Ultimo südwestlich von Meran. Denkbar ist auch eine Tour über den Ritten, den sehr schönen Bergrücken im Südosten der Sarntaler Alpen oberhalb von Bozen.

Besuch bei den Nachbarn

Klein, aber fein, so lässt sich diese fantastische Runde beschreiben. Erholsame Bergseen, einladende Cafés, gewaltige, graue Berggipfel, Motorradfahrer-Treffs auf grandiosen Pässen und Kurven und Kehren in Hülle und Fülle sind die Zutaten für diesen kurzweiligen Ausflug ins Veltlin. Mit dem Abstecher zu den Eidgenossen ins Bernina wird die Runde international.

Unterwegs im Val di Livigno.

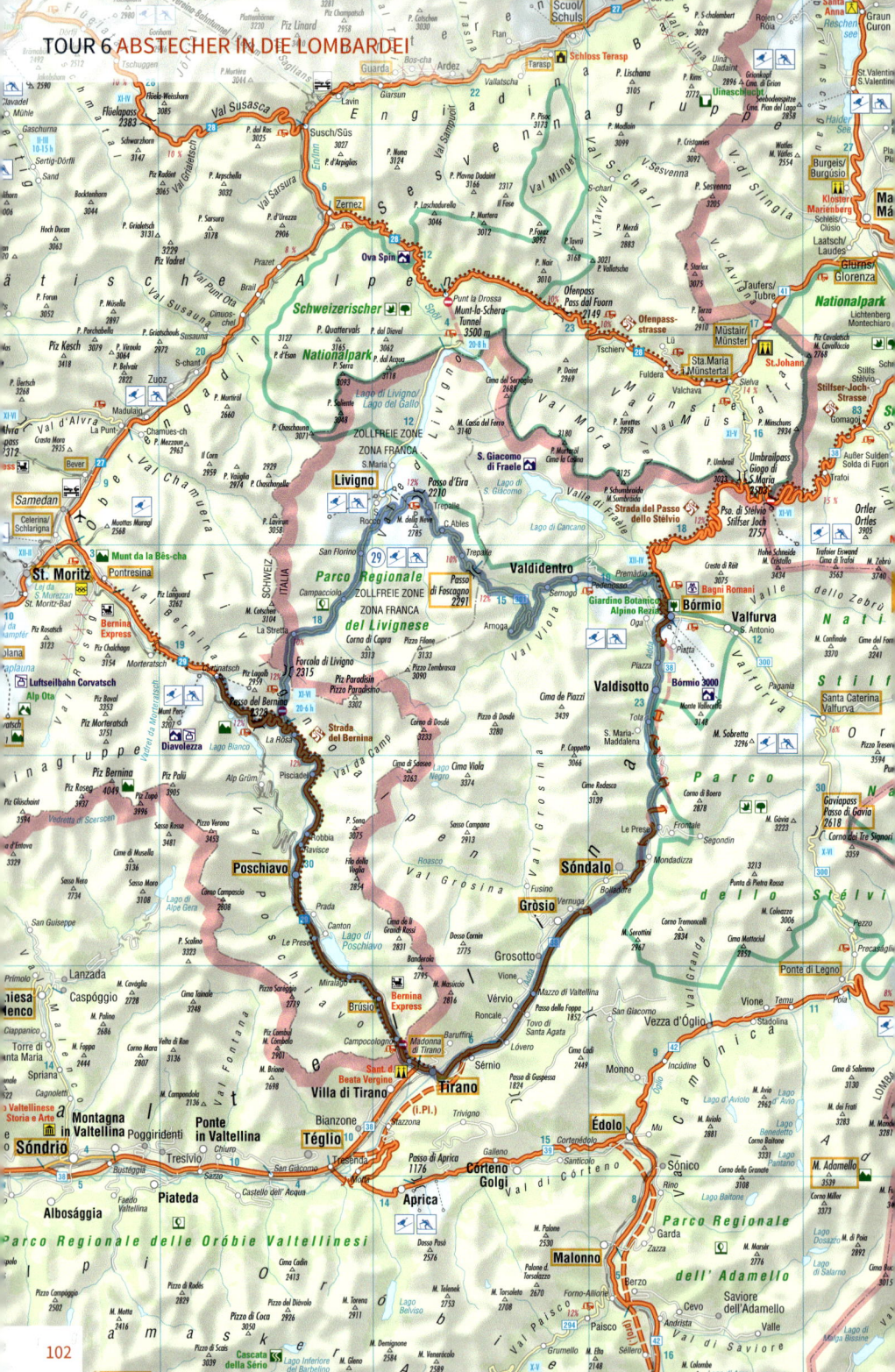

TOUREN-STECKBRIEF

BASISORT
Bormio, (46.466406, 10.370705)

STRECKENLÄNGE
ca. 155 km

DAUER DER TOUR
5-6 Stunden

ROADBOOK
Bormio, Val Viola, Passo di Foscagno, Passo d'Eira, Livigno, Valle di Livigno, Forcola di Livigno, Val Laguné, Val Poschiavo, Berninapass, Poschiavo, Lago di Poschiavo, Brusio, Tirano, Valtellina, Mazzo di Valtellina, Valdisotto, Bormio

HIGHLIGHTS
Das Higlight dieser Tour ist der Passo del Bernina, der in 2 328 Metern Höhe das Engadin mit Italien verbindet, und auf dem das Albergo Ospizio Bernina mit seiner Sonnenterrasse, einer einmaligen Aussicht in die Berg- und Gletscherwelt und gemütlichen Zimmern residiert.
www.bernina-hospiz.ch (46.410804, 10.026890)

Es geht rund zwischen Bernina und Poschiavo.

TOUR 6 ABSTECHER IN DIE LOMBARDEI

Man muss auch mal über den Tellerrand schauen, sagt der Volksmund. Der Tellerrand, das ist in diesem Fall die Grenze zwischen *Südtirol* und der *Lombardei*. Gestern waren wir über das großartige *Stilfser Joch* gerollt – noch in Südtirol – und waren dann 20 Kilometer weiter im lombardischen Städtchen *Bormio* eingekehrt. Wenn es etwas in Bormio gibt, dann Unterkünfte. Schließlich ist der zwischen dem 3 439 Meter hohen *Cima de Piazzi* und dem 3 148 Meter hohen *Monte Vallecetta* gelegene Hauptort des *Veltlins* Gastgeber des jährlichen Alpinen Skiweltcups und zweimal startete hier sogar die Alpine Skiweltmeisterschaft.

Natürlich ist das Thermalbad auch im Sommer Anziehungspunkt für

Bormio, der Hauptort des oberen Veltlins.

Bergfreunde und das ganz besonders auch für Motorradfahrer. Warum, das merken wir sofort, kaum dass wir Bormio in Richtung *Val Viola* verlassen haben. Es geht bergauf, steil bergauf und die Straße ist einfach ein Gedicht. In engen und weiten Bögen schwingt sich die Fahrbahn durch die Natur, fährt Slalom an steilen Berghängen entlang und je näher wir dem 2 702 Meter hohen *Motta Grande* kommen, um so mehr schwingen wir wie ein Uhrpendel durch die Kurven, einfach super! Oben auf dem *Passo di Foscagno*, 2 291 Meter hoch, steht schon jetzt am Morgen das obligatorische Motorradfahrer-Grüppchen beim Schwatz. Nur sieben Kilometer weiter das gleiche Bild. Diesmal der *Passo d'Eira*, nur wenig tiefer mit 2 209 Metern, aber ebenso bestückt mit pausierenden Zweiradfahrern, mit und ohne Motor.

Zollkontrolle

Hinter dem Pass stürzen wir uns in die Tiefe. *Livigno* liegt uns zu Füßen. Das quirlige Städtchen ist mit seinen 33

Am Foscagnopass wacht bisweilen der Zoll.

Perfekter Kurvenspaß beim Valle di Livigno.

TOUR 6 ABSTECHER IN DIE LOMBARDEI

Liften und rund 115 Kilometern Skipisten nicht nur das Wintersportparadies der Region, als Zollausschlussgebiet der Europäischen Union ist es auch das Einkaufsparadies schlechthin. Von weither strömen die Massen, frönen dem zollfreien Einkauf. Zigaretten und Zigarren, Alkohol, Kosmetik und Unmengen nötiger und unnötiger Dinge gehen über die Ladentheken.

Das davon rege Gebrauch gemacht wird, stellen wir wenige Kilometer weiter am Ende des *Valle di Livigno* fest. Hier liegt die Grenze in

Zollfrei shoppen im Valle di Livigno.

die *Schweiz*, gleich am 2315 Meter hohen *Pass Forcola di Livigno*. Und hier sind sowohl die italienischen als auch die eidgenössischen Zöllner lebhaft daran interessiert, was so manch Reisender in seinem Kofferraum transportiert. Die verlockenden Angebote in Livigno lassen den einen oder anderen braven Familienvater scheinbar zum Schmuggler mutieren.

Im Naturpark bei Livigno.

TOUR 6 ABSTECHER IN DIE LOMBARDEI

Zu Füßen des Berninapasses.

Es geht hinauf zum Bernina.

In der Schweiz folgen wir parallel der italienischen Grenze dem *Val Laguné* in Richtung *Val Poschiavo*. Bevor wir aber durch dieses herrliche Tal zurück zu unserem Ausgangspunkt düsen, gönnen Kiki und ich uns noch einen kurzen Abstecher in die genau entgegengesetzte Richtung.

Cappuccino mit Sahne

Es sind nur vier Kilometer bis zum *Berninapass*, und wo wir sowieso gerade mal hier sind, lassen wir uns natürlich auch nicht lange bitten. Vier Kilometer fast nur Kurven und Kehren, fantastische Landschaft und Fahrspaß ohne Ende. Oben angelangt haben wir uns den obligatorischen Stopp am Pass verdient. Wir genießen die fantastische Aussicht, erfrischen uns mit einer eiskalten Limonade, dann geht es wieder zurück, die Kehren in der anderen Richtung wieder hinab und nach *Poschiavo*.

Poschiavo, das beschauliche Städtchen im gleichnamigen *Val Poschiavo*, lädt zum Bleiben. Die gemütlichen Cafés auf dem Hauptplatz im Schatten der Kirche San Vittore Maure können wir einfach nicht links liegen lassen. Der Springbrunnen plätschert, die Sonne strahlt ins Gesicht und der Cappuccino wartet unter einer dicken Sahnehaube darauf, getrunken zu werden.

Poschiavo ist der Hauptort der Region *Bernina*, die im südöstlichsten Zipfel Graubündens liegt und wie eine Halbinsel nach Italien hineinragt. Wir strecken gemütlich die Beine unter den Bistrotisch und schauen dem bunten Treiben auf dem Platz zu. Kaum vorstellbar, wie es genau hier an dieser Stelle am Abend des 18. Juli 1987 zuging. Gewaltige Geröllmassen gingen im Unwetter aus dem kurz über

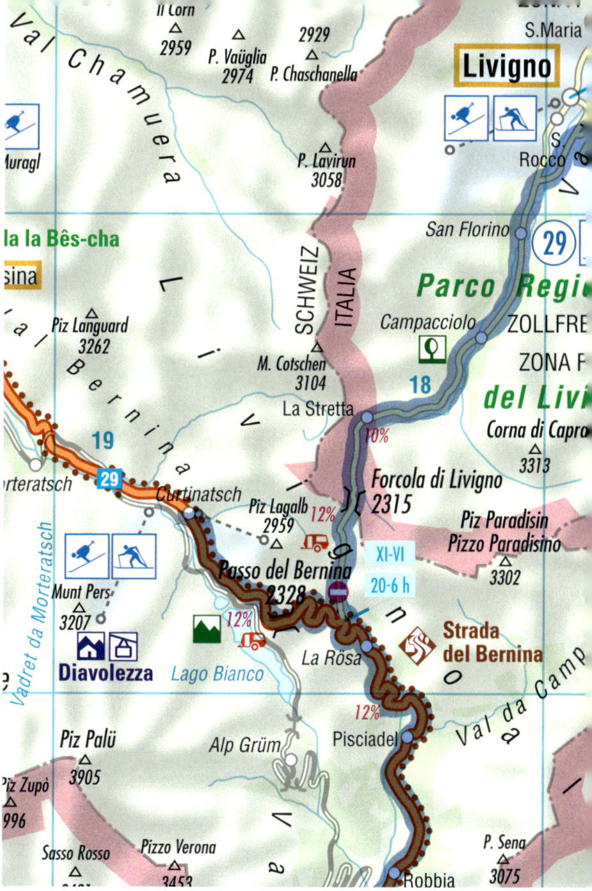

TOUR 6 ABSTECHER IN DIE LOMBARDEI

> **AUTOREN-TIPP**
>
> **DIE BERNINABAHN** Nicht nur für Eisenbahnfreunde ist die Fahrt mit der Bahn von Tirano über den Berninapass nach St. Moritz ein grandioses Erlebnis. Diese Verbindung ist die einzige Schweizer Bahn, die offen über die Alpen
>
>
>
> führt, kein Tunnel am rund 2250 Meter hohen Berninapass stört die grandiose Aussicht. Die abenteuerliche Streckenführung, wie etwa das Kreisviadukt bei Brusio, hat die einmalige Berninabahn in das Weltkulturerbe des UNESCO befördert. Alle Infos dazu und einen Fahrplan gibt es auf der Internet-Seite der Rhätischen Bahn unter **www.rhb.ch**.

Poschiavo liegenden *Val Varuna* nieder und stauten den sowieso schon Hochwasser führenden Fluss Poschiavino. Dieser brach bald durch die Barriere, ungeheure Wassermassen und tausende Kubikmeter Geröll und Schutt schossen mitten durch den Dorfkern. Die Plätze und Straßen wurden metertief aufgerissen, Fundamente unterspült, zahlreiche Gebäude stürzten komplett ein. Wer Glück hatte, dessen Haus stand nur bis zum ersten Stock im Wasser. Der Wiederaufbau Poschiavos dauerte viele Jahre.

Echter Hingucker

Unser Cappuccino ist ausgetrunken, wir verlassen Poschiavo gen Süden, der Grenze zurück nach Italien entgegen. Nur wenige Kilometer weiter der erste Stopp: Der *Lago di Poschiavo*

Zollkontrolle: Schmuggeln wird teuer.

ist einfach viel zu schön, als dass man daran achtlos vorbeifahren könnte. Kleine, gemütliche Strandabschnitte und das herrliche Panorama der umliegenden, dicht und grün bewaldeten Berge machen den See zu einem echten Hingucker. Wer die Motorradstiefel gegen Wanderschuhe tauschen möchte, dem bietet sich hier die Möglichkeit zu einem tollen zweistündigen Marsch über urige Wege und durch kleine Tunnel rund um den See, fantastische Picknickplätze eingeschlossen. Wir wollen aber auf zwei Rädern weiter, klettern auf die BMW und rollen bergab Richtung Grenze.

Das Kreisviadukt

Bevor wir diese überqueren, steht aber noch ein ganz besonderes Highlight auf unserem Plan: das Kreisviadukt von *Brusio*. Hier haben die Baumeister der Rhätischen Bahn im vergangenen Jahrhundert ganze Arbeit geleistet und ein kreisrundes Eisenbahn-Viadukt mit einem Radius von 70 Metern gebaut, mit dem die Bahn einen Höhenunterschied von knapp 20 Metern überwindet – ein faszinierendes Bauwerk.

Zehn Minuten später bremst uns die geballte italienische Staatsmacht.

Netter Ort für einen Stopp: Tirano.

TOUR 6 ABSTECHER IN DIE LOMBARDEI

Während den Eidgenossen scheinbar egal ist, wer sein Land verlässt, nehmen uns die Italiener sehr genau unter die Lupe. Ausweise, Moppedpapiere, Führerschein, ein Gang um das Motorrad herum – na ja, auch denen wird ihr Job wahrscheinlich ab und zu etwas langweilig. Eine großzügige Geste, dann dürfen wir passieren. Machen wir gerne, fahren aber nur ein paar Meter weiter bis ins Zentrum von *Tirano*. Dort, mitten auf dem dörflichen Marktplatz, ist heute Flohmarkt. Wir parken das Motorrad gleich daneben und schlendern zwischen Cafés und Schmuckverkäufern, Bücher- und Porzellan-

Der Bernina lockt.

TOUR 6 ABSTECHER IN DIE LOMBARDEI

ständen hindurch. Etwas überrascht sind wir, als es auf einmal unüberhörbar hupt und klingelt. Wir staunen nicht schlecht, als sich ein knallroter Eisenbahnzug mit mehreren Waggons der Rhätischen Bahn seinen Weg über die Schienen mitten durchs Zentrum bahnt. Aber nicht etwa wie bei uns zu Hause auf dem Bahnübergang. Nein, hier benutzt die Eisenbahn gleich die Straße und mutiert zu einer Mischung aus Geisterfahrer und Straßenbahn im Gegenverkehr. Das funktioniert sehr gut, allerdings nur im Schritttempo.

Ab *Tirano* orientieren wir uns an der *Adda*, fahren dem Fluss entgegen. Eingezwängt zwischen den fast 3 000 Meter hohen Gipfeln rechts und links des Weges führt der Asphalt gen Norden durch das *Valtellina*. Wer Lust auf ein paar Bergetappen über schmalste, einsame Nebenstrecken hat, kann sich bei *Mazzo di Valtellina* noch rechts in die Berge hinaufarbeiten. Aber Vorsicht, es geht steil zur Sache.

Tödlicher Bergsturz

Wir genießen die letzten Kilometer durch das Tal der Adda und passieren auf den letzten Kilometern vor Bormio die Gemeinde *Valdisotto*. Wir umgehen den langen Straßentunnel der SS38 und rollen direkt durch die kleinen Dörfer der Gemeinde. Auch hier schlug das Unwetter vom Juli 1987 zu, noch weit verheerender als in Poschiavo. Das Dorf *Morignone* wurde durch einen Bergsturz komplett zerstört. Über 50 Menschen verloren ihr Leben, hunderte wurden obdachlos. Morignone wurde nie wieder aufgebaut.

Noch ein paar Kilometer, dann rollen wir wieder nach Bormio hinein und fahren zurück zu unserer Unterkunft. Morgen wird es dann noch einmal auf den *Passo dello Stelvio*, auf das *Stilfser Joch* gehen, aber das ist wieder ein neues Kapitel. ◄

INFOS ZUR TOUR

CHARAKTERISTIK
Die spannende Tour, die zu einem großen Teil durch die Lombardei führt, lebt von Ihrer Abwechslung: schnelle Abschnitte auf breiten, kurvenreichen Landstraßen, wildes Gezirkel auf schmalen Bergstraßen und beschauliche Ortsdurchfahrten durch bildschöne Dörfchen. Erfahrung beim Befahren von Serpentinen sollte man mitbringen. Staut sich der Verkehr wegen der Zollkontrollen vor der Schweizer Grenze hinter Livigno, fährt man mit dem Motorrad einfach an der Schlange vorbei. Den Zöllnern war es egal.

PÄSSE DER TOUR
Passo di Foscagno (2 291 m), Passo d'Eira (2 208 m), Forcola di Livigno (2 315 m), Passo del Bernina (2 328m). Wintersperren unter www.alpenpaesse.de.

ÜBERNACHTUNG
Hotel Albergo San Lorenzo

Via San Lorenzo 2, I-23032 Bormio
Hotel in einem historischen Gebäude, Restaurant mit traditionelle Küche, Garagen für das Motorrad.
www.sanlorenzobormio.it
GPS 46.468028, 10.372824

Miramonti Park Hotel
Via Milano 50, I-23032 Bormio
Familiengeführtes, motorradfreundliches Haus mit einladendem Restaurant und gutem Service
www.miramontibormio.it
GPS 46.465038, 10.368103

KOMBINATIONSMÖGLICHKEITEN
Diese Tour lässt sich hervorragend über das Stilfser Joch mit Tour 9 kombinieren. Wer nicht genug bekommen kann, ergänzt die Route mit einem Abstecher über den Berninapass ins schweizerische St. Moritz. Im Süden der Tour führen ab Mazzo di Valtellina kleine Bergsträßchen direkt hinüber ins Trentino.

Dolomitengipfel

Eisacktal, Grödnertal, Fassatal, Fleimstal und Eggental – diese Tour der Täler führt durch bildschöne Landschaften und faszinierende Natur. Kurvenreiche Bergstraßen führen aus den Tälern hinauf auf aussichtsreiche Bergkämme und stets fällt der Blick auf die markanten und spektakulären Felsgipfel der Dolomiten. Eine spannende Tour nicht nur für Naturfreunde.

Freie Auswahl: Per Gondel oder per Mopped auf die Seiser Alm.

TOUR 7 UM DIE SEISER ALM

TOUREN-STECKBRIEF

BASISORT
Bozen (46.494993, 11.340237)

STRECKENLÄNGE
ca. 175 km

DAUER DER TOUR
5-6 Stunden

ROADBOOK
Bozen, Eisacktal, Völs, Seis, Seiser Alm, Seis, Kastelruth, Grödner Tal, St. Ulrich, St. Christina in Gröden, Wolkenstein, Sellajoch, Val di Fassa, Moena, Cavalese, Fleimstals, Passo di Lavazè, Obereggen, Bozen

HIGHLIGHTS
Die fantastischen Panoramen rund um die markanten Felsspitzen des Schlern südlich von Kastelruth beeindrucken uns immer wieder (46.518314, 11.504149).

Das Sellajoch mit seinen grandosen Zufahrten ist Landschaft pur und fahrerisch ein echter Genuss (46.508857, 11.757354).

Das Val di Fassa ist perfekt zum entspannten Cruisen. Faszinierend ist hier auf jeden Fall der tolle Blick auf die Rosengartenspitze und die Dolomitengipfel der Region (46.419253, 11.680688).

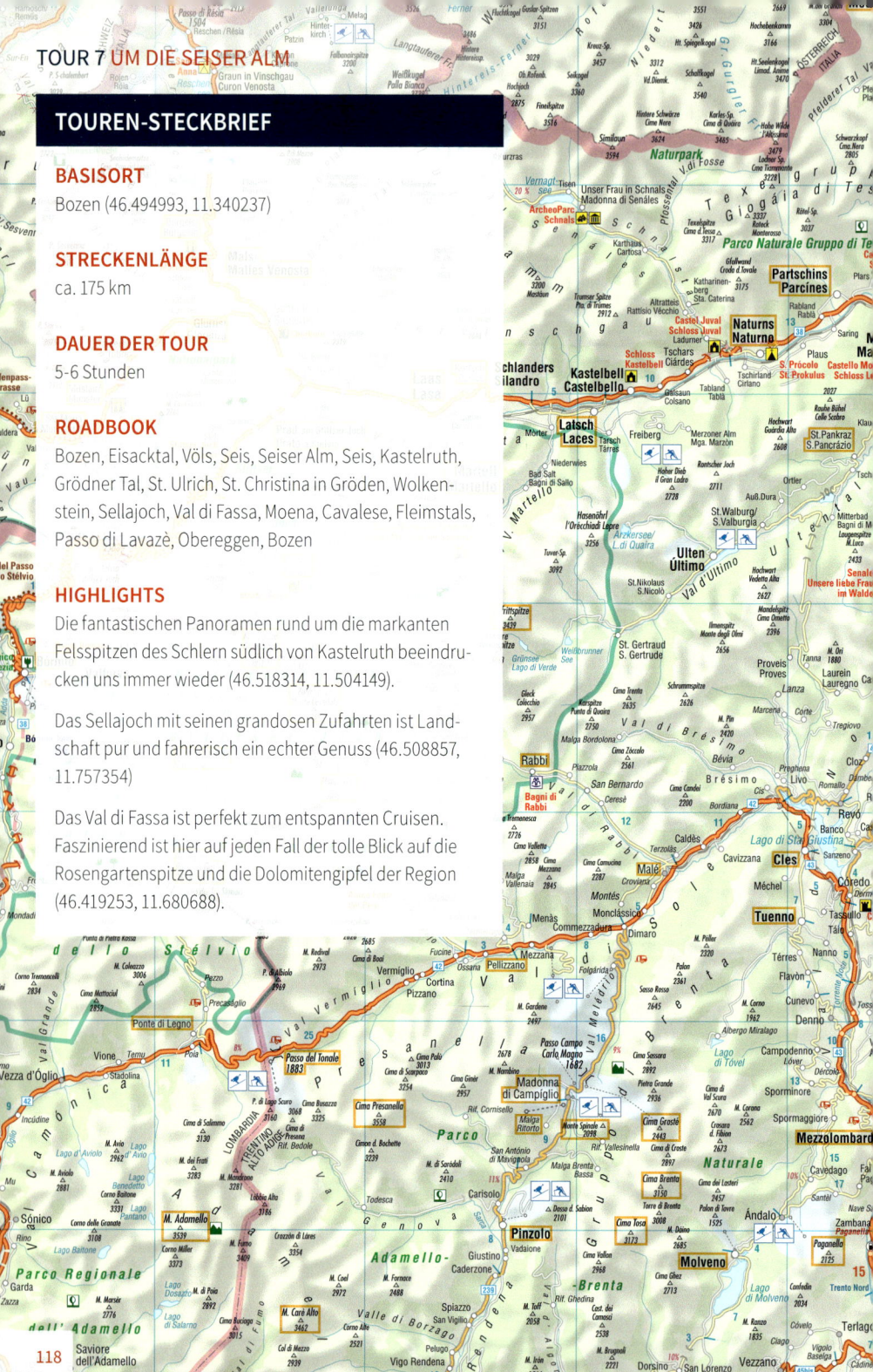

TOUR 7 UM DIE SEISER ALM

Bozen, die Hauptstadt Südtirols, entlässt uns am frühen Vormittag in Richtung Westen. Die richtige Straße ist schnell zu finden. Über die gut ausgeschilderte SS 12, die *Brenner-Staatsstraße*, halten wir uns einfach in Richtung Brenner und folgen dem *Eisack*. Der zweitgrößte Fluss Tirols begleitet uns durch das *Eisacktal* bis kurz vor *Völs*. Dann geht es schon los mit dem Spaß. Mit bis zu 15 Prozent Steigung windet sich die

Ein Herz für Kurven: Graffiti vom Giro d'Italia.

120

Nebenstrecke in Richtung *Kastelruth* über die Hänge des 2 564 Meter hohen *Schlern*.

Die Wetterhexen

Der ist zwar nicht Südtirols höchster Gipfel, gilt aber dennoch als Wahrzeichen Südtirols. Seine markante Form macht ihn weit über die Landesgrenzen bekannt. Und natürlich ist er die Heimat der Schlernhexen. Die sind, wie jedermann weiß, als Wetterhexen für üble Unwetter verantwortlich. Unser Glück, dass die Damen heute scheinbar frei oder einfach keine Lust zum Arbeiten haben. Die Auffahrt zur *Seiser Alm* lassen wir uns natürlich nicht entgehen. Zwar ist die Zufahrt von Seis hinauf auf die größte Hochalm Europas reglementiert, aber allein das erlaubte Stückchen der Bergstraße ist schon ein Hochgenuss und das fantastische Panorama um die Dolomitengipfel lohnt den Abstecher.

Zurück Richtung Seis ist es nur ein Katzensprung bis nach Kastelruth, wo die kurvenreiche, spannende Zufahrt ins *Grödner Tal* beginnt. Mit bis zu 18 Prozent Gefälle und Steigung und reichlich Biegungen wurstelt sich der Asphalt bis auf knapp 1500

Markante Felsen: Wahrzeichen der Dolomiten.

Blick auf Wolkenstein in Gröden.

TOUR 7 **UM DIE SEISER ALM**

Den Marsch geblasen bekommt man in Seis am Schlern.

Metern Höhe um dann wieder steil ins Tal nach *St. Ulrich* abzufallen. Die Marktgemeinde ist der Hauptort des Grödner Tals und gilt seit Jahrzehnten als das internationale Zentrum für Holzschnitzereien. Zwar hat gerade die sakrale Holzschnitzkunst heute nicht mehr die Bedeutung wie noch vor hundert Jahren, aber selbst heute wird Holzschnitzkunst aus St. Ulrich noch bis nach Amerika verkauft.

Genialer Kurvenreigen

Via *St. Christina* in Gröden und *Wolkenstein* folgen wir weiter der Strada Statale 242, der Grödner Straße, die wiederum orientiert sich am Talverlauf des Grödnerbachs. Entspannt rollen wir durch das Tal, neben uns rauscht das Wasser durch das steinige Bachbett. Rechts und links fällt unser Blick auf die dicht bewaldeten Hänge und die grauen Felsspitzen der *Dolomiten* – welch ein Genuss. Hinter Wolkenstein ändert sich das Straßenbild. Wir steuern genau auf die bis zu 3 150 Meter hohe *Sella-Gruppe* zu. Eben noch gemütliches Cruisen, läuten jetzt die ersten Kurven den spannenden Aufstieg auf das *Sellajoch* an. Die westlichen Hänge zu Füßen des Bergstocks stellten die Straßenbauer vor nicht wenige Herausforderungen. Ihnen haben wir einen genialen Kurvenreigen zu verdanken. Immer höher geht es hinauf, immer kerniger werden die Kehren, bis wir in 2 240 Metern Höhe den Passo Sella, das Sellajoch, erreichen.

Das Sellajoch ist, wie nicht anders zu erwarten, ein beliebter Motorradtreffpunkt. Schon weit über 100 Jahren

Kastelruth ist die Heimat der legendären Spatzen.

thronte hier oben das Rifugio Passo Sella, in dem schon Generationen von Bergfreunden übernachteten. Im September 2013 wurde das traditionsreiche Rifugio komplett erneuert und an seiner Stelle das Passo Sella Dolomiti Mountain Resort gebaut. Ein komfortables, modernes Hotel mit 25 Zimmern. Im Sommer wie im Winter herrscht hier Hochbetrieb, beginnen die ersten Skilifte doch fast direkt vor dem Haus. Die Pisten des Sella sind Bestandteil des

An Kurven mangelt es nicht in den Dolomiten (oben). Pause auf der Strecke zum Grödner Joch (unten).

TOUR 7 UM DIE SEISER ALM

Pass-Cappuccino wollen Kiki und ich auch hier am Sellajoch nicht verzichten. Kein Problem, auf der einladenden Terrasse strecken wir die Beine unter den Tisch, lassen uns die Sonne ins Gesicht scheinen und genießen Luft, Panorama, Koffein und Sahne.

Die Sella-Kurvenorgie

Am Sellajoch haben wir nun die Qual der Wahl: In Richtung Westen lockt das nicht weniger reizvolle *Pordoijoch* und jede Menge weitere knackige Passstraßen, gen Süden geht es ins bildschöne *Val di Fassa* und weiter ins Val di Fiemme. Wir entscheiden uns für Letzteres, schließlich sind wir ja noch ein paar Tage hier und haben noch Zeit für weitere Passrunden. Also stürzen wir uns die kehrenreiche Südrampe des Sella wieder hinunter und tauchen ins Val di Fassa ab. Die SS 48 führt entspannt durch das *Fassatal*. Wir lassen die herrlich grüne Landschaft an uns vorbei gleiten. Ein wenig Entspannung schadet ja nicht nach der Sella-Kurvenorgie. Umso mehr können wir Natur und Sonne genießen. Fährt man diese Strecke in der Dämmerung oder gar im Dunkeln, heißt es: Augen auf! Flammt rechts oder links der Strecke in den Bergen ein Leuchtfeuer auf, handelt es sich um das „lum de morc", um das Todeslicht. Einst heuerten die Talbewohner Söldner an, ihre Heimat zu bewachen. Diese kommunizierten via Leuchtfeuern und riefen damit bei Gefahr alle Mann

Des Motorradfahrers Traum: der Rosengarten (rechts).

geradezu gigantischen Projekts Dolomiti Superski. Zwölf Skigebiete mit knapp 500 Liften und rund 1200 Kilometern Piste locken hier in den Schnee und pro Saison wird die unglaubliche Zahl von rund vier Millionen Skipässen verkauft. Auf unseren obligatorischen

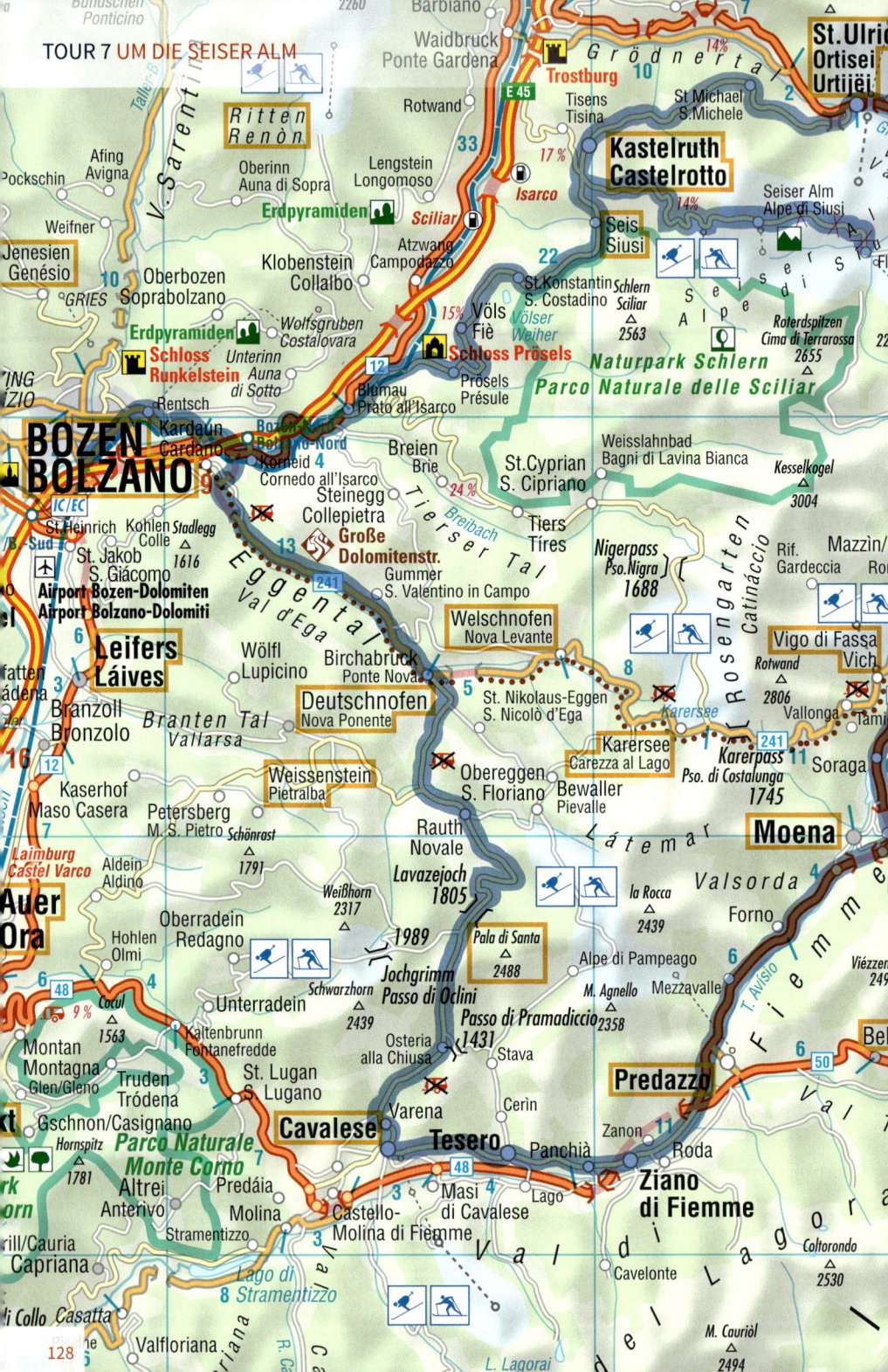

Im Val Gardena startet der Ski World Cup.

zu den Waffen. Irgendwann schlossen sich die Tal-Bewohner jedoch dem Bistum Brixen an und waren der Söldner überdrüssig. Sie reagierten nicht mehr auf das letzte Leuchtfeuer und die Beschützer wurden von ihren Feinden vernichtend geschlagen. Die Geister der so Verratenen fachen bisweilen noch heute Leuchtfeuer an, in der Hoffnung auf Hilfe.

Gut, dass wir in der strahlenden Sonne unterwegs sind. Mit Todesfeuern ist nicht zu rechnen, mit Blitzen jedoch schon. Stehen doch überall in der Region in den Ortsdurchfahrten verdächtige, orangefarbene Kästen. Die sogenannten Speedchecks sind meist leer, können bei Bedarf jedoch mit einem Radargerät bestückt werden. Unser Ausflug in das schöne *Moena* wäre fast mit einem Foto aus dem Speedcheck gekrönt worden. Etwas abgelenkt durch das schöne Stadtbild fahre ich einem anderen Motorradfahrer hinterher. Schön, dass unser Mopped gute Bremsen hat.

Eis muss sein!

Moena ist der ideale Zwischenstopp. Der zentrale Platz ist von historischen Häusern mit sehr schönen Fassaden umgeben und Cafés und Eisdielen locken mit leckeren Versuchungen. Klar, ein Spaghetti-Eis muss sein! In Moena geht das Fassa-Tal ins *Val die Fiemme* über. Auch hier geht es entspannt zu. Auf der landschaftlich toll gelegenen Talstrecke rollen wir gen Westen und schon bald fällt der Blick auf *Cavalese*, den Hauptort des *Fleimstals*. Weltweit in die Schlagzeilen geriet der Wintersportort 1998, als

TOUR 7 UM DIE SEISER ALM

Moena ist der größte Ort im Fassatal.

ein amerikanischer Kampfjet mit seiner Tragflächen das Tragseil der Seilbahn zur Alpe Cermis durchtrennte. Der Jet flog viel tiefer als erlaubt und kappte das Stahlseil in 110 Metern Höhe, worauf eine mit 20 Personen besetzte Gondel abstürzte. Während das nur leicht beschädigte Kampfflugzeug sicher landen konnte, überlebte in der Gondel niemand. Jedes Jahr zum Unglückszeitpunkt werden noch heute in Cavalese die Kirchenglocken geläutet.

Bei Cavalese verlassen wir die gut ausgebaute, schnelle Staatsstraße und wenden uns wieder den Bergstraßen zu. Gen Norden steuern wir den *Passo di Lavazè* an. In gut 1800 Metern Höhe führt der Pass wieder zurück nach Südtirol, das wir am Sellajoch in den *Trentino* verlassen hatten. Auch hier führen zahlreiche Skilifte in die umliegenden Berge. *Obereggen* zu Füßen der *Latemar-Gruppe* ist ein beliebter Skiort und mit anderen Gemeinden bildet es die Skiregion Ski Center Latemar. Uns führt die bildschöne Region mit ihren grünen Hängen schließlich ins *Eggental*. Das schließt sich direkt südöstlich an das Stadtgebiet von Bozen an und nur wenige Kilometer später beenden wir diese fantastische Runde im Zentrum der Landeshauptstadt Südtirols. ◀

AUTOREN-TIPP

RITTNER SEILBAHN BOZEN Wie wäre es, das Motorrad einfach mal stehen zu lassen und ein ganz anderes Verkehrsmittel auszuprobieren: die Seilbahn? Die Rittner Seilbahn führt von Bozen nach Oberbozen auf den Ritten und überwindet dabei eine Höhendifferenz von rund 950 Metern. Die Aussicht auf das Felsmassiv des Rosengartens und Schlerns und der Blick auf Bozen sind einfach fantastisch. Die Talstation liegt nur zehn Minuten vom historischen Stadtzentrum entfernt, und die Kabinen laufen im Vier-Minuten-Takt. Wer möchte, kann auch das Mountainbike in der Kabine mitnehmen und sich vom Ritten, dem Bozener Hausberg, auf zwei Rädern herunterstürzen. Alle Infos dazu gibt es im Internet unter **www.ritten.com**.

INFOS ZUR TOUR

CHARAKTERISTIK
Eine höchst abwechslungsreiche Runde, auf der sich jeder reisende Motorradfahrer wohl fühlen kann. Kurvige Passstraßen wechseln sich mit relaxten Straßenabschnitten ab. Vom höchsten Gipfel bis zum lieblichen Tal ist alles dabei. Oft im Blick sind die wunderschönen Dolomitengipfel, die diese Region so einzigartig machen. Die schönen Orte im Grödnertal faszinieren ebenso wie das „Basislager" dieser Tour, die Südtiroler Hauptstadt Bozen.

PÄSSE DER TOUR
Der einzige „echte" Pass dieser Tour ist das 2 240 Meter hohe Sellajoch. Das heißt natürlich nicht, dass es sonst auf dieser Runde an Bergen mangelt. Die aktuellen Wintersperren des Sella variieren schon mal je nach Wetterlage. Mehr erfährt man unter **www.alpenpaesse.de**.

ÜBERNACHTUNG
Hotel Royal
Obereggen 32, I-39050 Obereggen
Prima Lage, große Tiefgarage, Hallenbad und Sauna, Südtiroler Küche, sehr freundlicher Service - hier fühlt man sich wohl.
www.h-royal.com
GPS 46.385857, 11.528556

Gasthof-Restaurant Gasserhof
Dorf 6, I-39050 Eggen
Sympathischer Traditionsbetrieb in klasse Lage, Gastgeber Peter Weissensteiner ist selber leidenschaftlicher Motorradfahrer und bietet alles, was Herz und Bauch brauchen.
www.gasserhof.it
GPS 46.410290, 11.504269

KOMBINATIONSMÖGLICHKEITEN
Diese Runde lässt sich bestens mit Tour 5 und Tour 8 kombinieren. Wem die Tages-Strecke nicht reicht, kann das Grödner Joch, das Pordoijoch oder den Nigerpass mit der Großen Dolomitenstraße einbauen.

TOUR 8 RUND UM TRIENT

E s geht bergauf, richtig steil bergauf. Hinter uns liegt das *Tal der Etsch*, vor uns der Hausberg Trients, der 2 180 Meter hohe *Monte Bondone*. In knackigen Kehren arbeitet sich die Straße hinauf auf den Berg. In regelmäßigen Abständen überholen wir schwitzende Rennradler und ich bin froh, dass ein einfacher Dreh am Gasgriff reicht, um Kiki und mich mit Schwung den Berg hinauf zu katapultieren.

Grandiose Uferstraße

Heute morgen waren wir in *Trient* gestartet, haben schnell in südwestlicher Richtung aus der Hauptstadt des *Trentinos* herausgefunden. Wir folgten einfach der Beschilderung der Strada Statale 45, die im weiteren Verlauf über *Riva del Garda* zur *Gardesana Occidentale* und damit zur grandiosen westlichen Uferstraße des *Gardasees* wird. Um den Monte *Bondone* zu erklimmen, verließen wir gleich hinter der Überquerung der *Brennerautobahn* die Strada Statale und fanden

Rund um Vezzano liegen viele knackige Kehren …

… und schnelle Kurven.

TOUR 8 RUND UM TRIENT

Schöner wohnen: Bergdorf im Naturpark.

Der Monte Bondone gilt als Hausberg Trients.

uns direkt auf der kurvenreichen Bergstraße wieder.

Hier wedeln wir nun hinauf in die Berge, kreuzen durch den Naturpark *Tre Cime del Monte Bondone*. Die Ausblicke auf die umliegenden Bergrücken und Täler ist fantastisch, der Geruch von Wald und frisch gemäh-

tem Gras dringt in den Helm. Vereinzelte Höfe und kleine Weiler liegen verstreut in den Bergen und außer uns scheint hier kaum jemand unterwegs zu sein. Das ändert sich erst ein wenig, als wir auf *Cavedine* zusteuern. Das nette Städtchen lockt zu einem Besuch. Ich verlasse die Hauptstraße, die eigentlich am Zentrum vorbei führt und steuere den *Piazza Italia* an, den zentralen Platz der Gemeinde. In einem kleinen Lebensmittelgeschäft besorgen wir uns die nötigen Zutaten für ein leckeres Picknick: ein frisches Brot, etwas Käse aus regionaler Produktion, ein paar heimische Tomaten. Zu unserer Freude entdecken wir auch den Kaminwurz. Die köstliche kalt-

Es geht rund

Diese Runde – mit Start und Ziel in Trient – sorgt für Spaß und gute Laune. Kernige Serpentinen, tolle Landstraßen, winkelige Bergsträßchen und die herrliche Natur und Bergwelt des Trentino garantieren reichlich Abwechslung und eine kurzweilige Tour. Auch neben dem Asphalt gibt es viel zu erkunden, interessante Orte locken zu erholsamen Pausen. Und die faszinierende Kaiserjägerstraße macht das Glück komplett. Gute Fahrt!

Kurvenspaß rund um Arco.

TOUR 8 RUND UM TRIENT

TOUREN-STECKBRIEF

BASISORT
Trient (46.070296, 11.121555)

STRECKENLÄNGE
ca. 255 km

DAUER DER TOUR
6-7 Stunden

ROADBOOK
Trient, Naturpark Tre Cime del Monte Bondone, Cavedine, Dro, Arco, Volano, Folgaria, Passo Coe, Spitz di Tonezza, Passo del Sommo, Forte Belvedere, Kaiserjägerstraße, Levico Terme, Pergine Valsugana, Val dei Mocheni, Passo del Redebus, Lago di Piazze, Cembratal, Segonzano, Lago di Stramentizzo, Valda, Lavis, Trient

HIGHLIGHTS
Die Auffahrt von Trient auf den Monte Bondone verspricht Serpentinenspaß vom Feinsten (46.018857, 11.038096).

Die Kaiserjägerstraße ist nicht minder spannend (45.971499, 11.291484).

Es mangelt nicht an spannenden Bergstraßen auf dieser Runde. Uns hat besonders die um den Monte Campomolon gefallen (45.878693, 11.302925).

Steinmännchen mal anders.

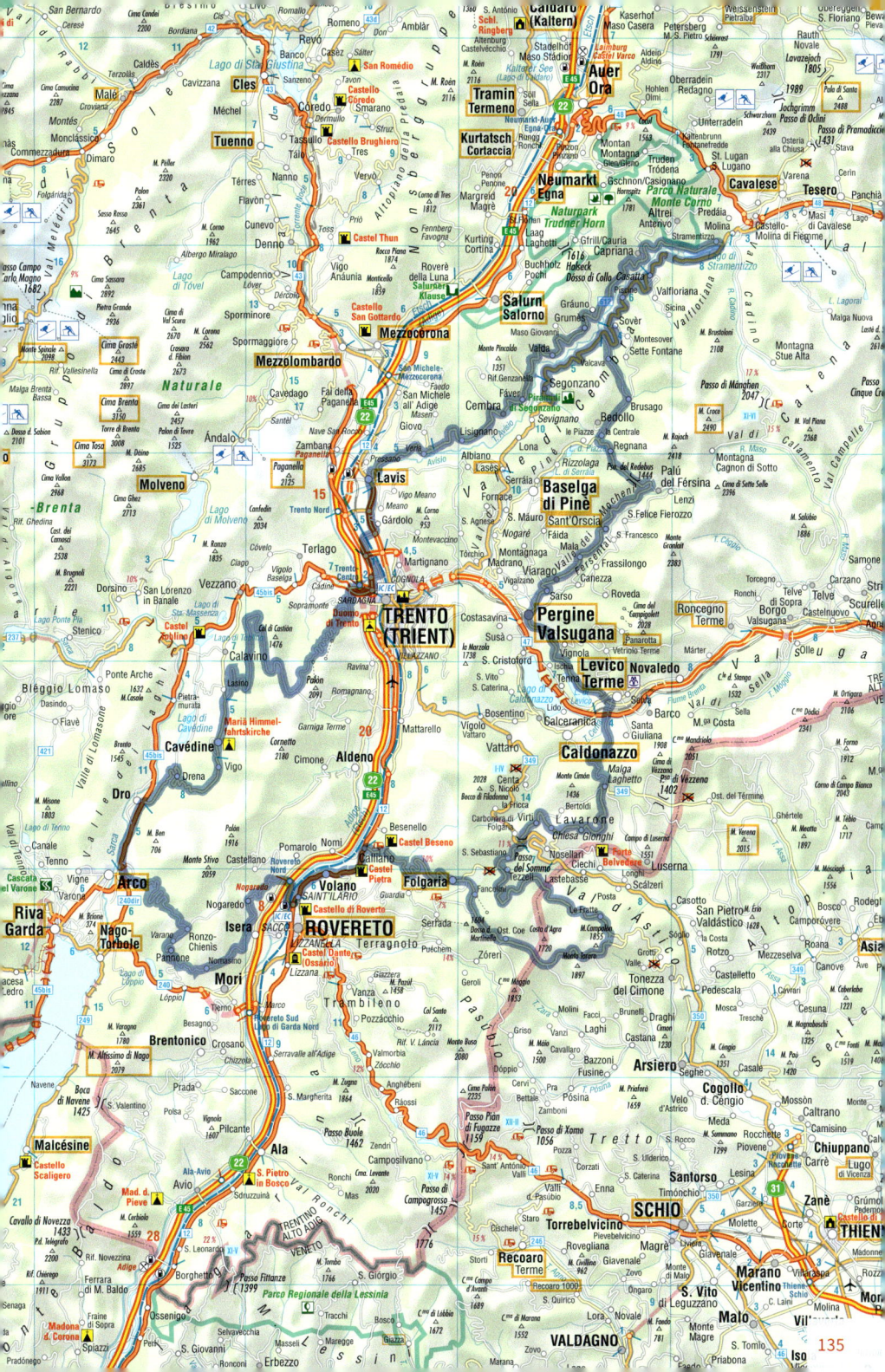

geräucherte und luftgetrocknete Salami stammt ursprünglich aus Südtirol und nirgends schmeckt sie so gut wie im Norden Italiens.

Stop! Carabinieri!

Bei *Dro* gelangen wir wieder auf die SS 45. Ein kurzes Stück folgen wir ihr nach *Arco*, biegen jedoch kurz vor dem Luftkurort wieder ab in die Bergen. Über kleine und gewundene Nebenstrecken kurven wir zwischen dem *Monte Creino* und dem *Monte Stivo* hindurch, nehmen wieder Kurs auf das Etsch-Tal. Bei *Volano* überqueren wir den Fluss und düsen gen Norden. Kaum gebe ich im Etsch-Tal Gas, da werde ich auch schon wieder eingebremst. Mit entschlossenem Gesicht tritt ein Carabiniere auf die Straße, gibt mir mit einem Handzeichen deutlich zu verstehen, dass ich anhalten soll. „Oh oh, waren wir zu schnell?", fragt die beste Sozia der Welt. „Eigentlich nicht", antworte ich vage, selber etwas unsicher. Aber scheinbar habe ich allen Grund zu einem guten Gewissen. Mit einem kurzen Blick auf unser Num-

Unterirdisch: Tunnel oberhalb des Etschtals.

Sonnenbad am Passo Coe.

139

TOUR 8 RUND UM TRIENT

Luftige Panoramastrecke zwischen dem Monte Bondone und Folgana.

TOUR 8 RUND UM TRIENT

Stilecht: Picknick am See.

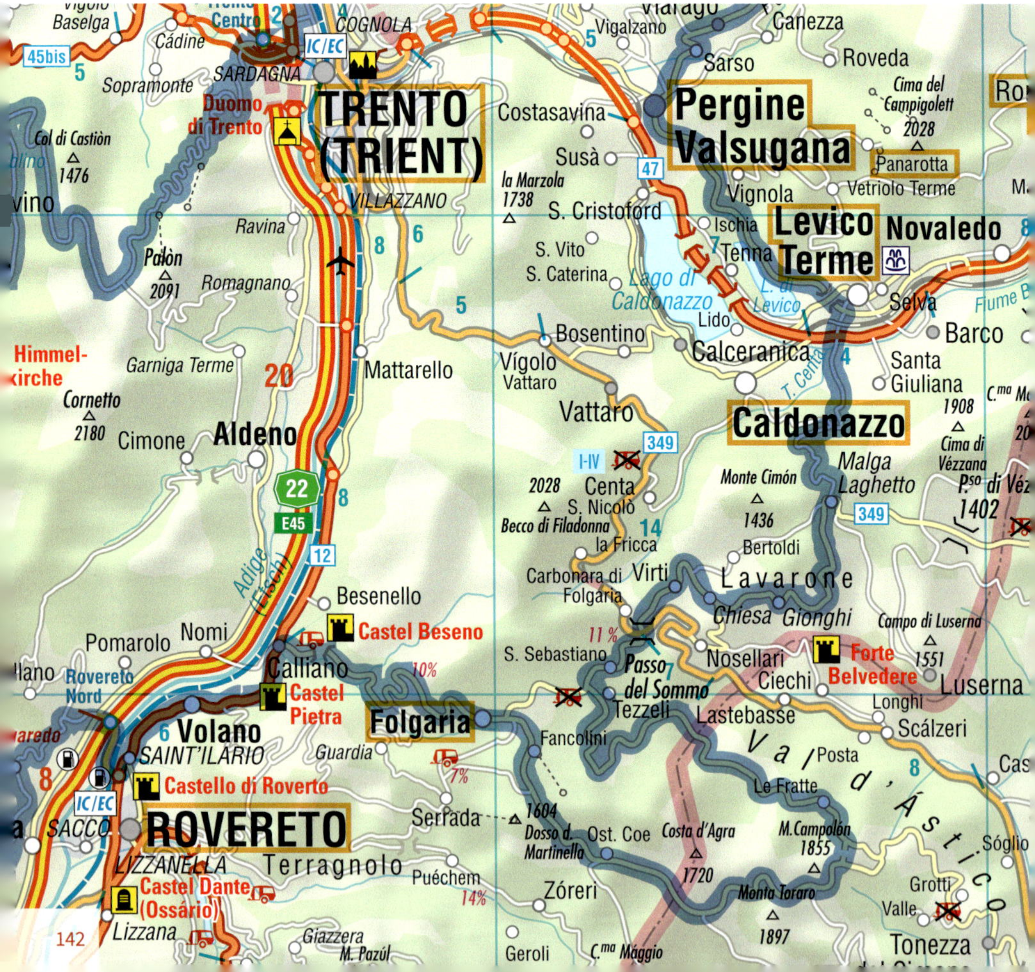

mernschild identifiziert uns der Polizist als Touristen, ganz offenbar harmlos, und mit einem kurzen Nicken entlässt er uns wieder auf die Landstraße. Und wieder geht es stetig bergan aus dem Etsch-Tal. Wir fahren auf *Folgaria* zu und die kleine Gemeinde liegt immerhin fast 1200 Meter hoch. Eine Kehre nach der anderen führt gen Westen und nach reichlich Schräglagen haben wir die Trentiner Hochebene erreicht, zu der neben Folgaria noch einige weitere kleine Gemeinden gehören. Bei Montainbikern und Wanderern ist die Region recht beliebt, einen Namen hat sie sich auch als Wintersportregion gemacht. In den Bergen ringsum liegen noch einige Festungen und Werke aus dem ersten Weltkrieg.

Sonne im Gesicht

Wenige Kilometer weiter passieren wir den *Passo Coe*. Der ist zwar nicht wirklich ein spannender Pass, sondern eher ein harmloser Bergrücken, aber die Aussicht in die umliegenden Täler und auf die Gipfel ist dennoch fantastisch. Je höher wir kommen, umso mehr Nebelschwaden ziehen aus dem Tal herauf. Mit einem großen Bogen um den *Monte Campomolon*, auf dessen Gipfel in 1850 Metern Höhe eine weitere mächtige Festungsanlage aus dem Ersten Weltkrieg liegt, fahren wir auf den *Passo del Sommo* zu. Auf halber Strecke, am *Spitz di Tonezza*, hüllt uns der Nebel komplett ein. Der Asphalt ist feucht und es emp-

fiehlt sich doch eine gewisse Vorsicht. Zumal man auch nicht wirklich sieht, wie es dreißig, vierzig Meter vor uns auf der Straße aussieht. Kaum kommen wir jedoch wieder etwas tiefer, ist der Spuk vorbei. Am Passo del Sommo, auf 1341 Metern Höhe, scheint uns schon wieder kräftig die Sonne ins Gesicht. Eigentlich hatten wir ja vor,

Kurven satt zwischen dem Passo Coe und dem Passo Sommo.

Das sollte reichen für den nächsten Winter.

TOUR 8 RUND UM TRIENT

> **AUTOREN-TIPP**
>
> **FORTE BELVEDERE - WERK GSCHWENT** Das Werk Gschwent, auf Italienisch Forte Belvedere, ist eine mächtige Festungsanlage in 1170 Metern Höhe nordöstlich der Ortschaft Lastebasse oberhalb der legendären Kaiserjägerstraße. Es wurde zwischen 1909 und 1912 gebaut und war Bestandteil eines österreichisch-ungarischen Festungsriegels oberhalb des Lago di Caldonazzo. Heute wird das Werk kontinuierlich restauriert und beinhaltet ein modernes Museum zur Kriegsgeschichte des Ersten Weltkriegs in der Region. Dabei wird auf ein multimediales Konzept ebenso gesetzt wie auf Interaktion mit den Besuchern. Alle Infos über das hoch interessante Museum gibt es auf der Internetseite www.fortebelvedere.org (45.922711, 11.286738).

Schildern zu folgen, auf denen das *Forte Belvedere* ausgeschildert ist. Die Festungsanlage heißt auf Deutsch Werk Gschwent und liegt in 1170 Metern Höhe im Nordosten der Ortschaft Lastebasse. Sie beherbergt heute ein interessantes und modernes Museum, wird ständig restauriert und ausgebaut. Zudem ist der Blick von hier oben einfach fantastisch.

Die Kaiserjägerstraße

Etwas unterhalb des Werks beginnt eines der schönsten Straßenstücke der Region: die *Kaiserjägerstraße*. Wie so viele der beeindruckenden Passstraßen in den Alpen verdankt auch sie ihre Existenz den kriegerischen Konflikten der Vergangenheit. 1911 wurde sie als Versorgungsstraße fertiggestellt und zirkelt seitdem in waghalsigen Serpentinen den steilen Berghang hinunter in Richtung des *Lago di Levico*. Ein wenig Erfahrung kann nicht scha-

Panorama vom Feinsten oberhalb des Avisio.

hier unseren obligatorischen Cappuccino am Pass zu genießen, aber leider hat das Chalet Passo Sommo, der nette Treff an der Passhöhe aus unerfindlichen Gründen geschlossen – okay, dann eben nicht.

Hinter dem Pass lenke ich unsere BMW in Richtung Norden, auf den *Monte Rust* zu. Es lohnt sich, den

den, wenn man sich mit dem Motorrad auf diese anspruchsvolle Straße einlässt. Belohnt wird man dafür mit einer einzigartigen Straßenführung und faszinierenden Ausblicken hinunter ins Tal.

Levico Terme, der nette Bade- und Kurort, empfängt uns im Tal und führt uns weiter nach *Pergine Valsugana*. Hier liegt der Einstieg ins *Val dei Mocheni*, ins Fersental. Das interessante Tal ist auch heute noch eine Sprachinsel, in der Fersentaler Deutsch gesprochen wird. Kleine kurvenreiche Nebenstrecken führen in Richtung Norden und weiter zum *Passo del Redebus*. Die Landschaft ist auch hier einfach ein Traum. Direkt neben der Straße wachsen steile Felsen und grün bewachsene Berghänge in den blauen Himmel, auf der anderen Seite fällt unser Blick über weite, tiefe Schluchten und Täler. Über dem ganzen Szenario thronen am Horizont die gewaltigen Gipfel des Trentino und der Dolomiten.

TOUR 8 RUND UM TRIENT

Kurzer Stopp am Passo Redebus.

Ein kurzes Stück weiter finden wir am *Lago di Piazze* auch einen schönen Picknickplatz. Bank und Tisch warten nur auf uns, eine italienische Flagge als stilechte Tischdecke haben wir im Gepäck. Gleich neben uns glitzert die Wasserfläche in der Sonne. Zu uns gesellen sich noch zwei Gänse, die vom italienischen Brot mindestens genauso begeistert sind, wie wir.

Vom Weinbau geprägt

Gestärkt und ausgeruht rollen wir später durch die schöne Berglandschaft hinunter ins *Cembratal*. Das vom Weinbau geprägte Tal trägt den deutschen Namen Zimmerstal und wird vom *Avisio*, dem Laifserbach, durchflossen. Köstliche Weine gedeihen an den Hängen, im Tal werden schmackhafte Käse hergestellt, Kastanien und Honig aus dem Cembratal haben ebenfalls einen exzellenten Ruf und im Herbst sind zahlreiche Sammler unterwegs auf der Suche nach köstlichen Pilzen. Weit über die Grenzen des Trentino hinaus bekannt sind auch die Erdpyramiden von Segonzano, steile, pyramidenförmige Erdkegel, entstanden durch Erosion. Sie sind uns allemal einen Abstecher entlang des Cembra-Südhanges wert.

Da wir auch die interessante Nordseite des Zimmerstals unter die Reifen nehmen wollen, wählen wir den Schlenker über den *Lago di Stramentizzo*, queren dort den *Avisio* und folgen dem Fluss auf der herrlichen Bergstrecke über *Valda* bis nach *Lavis*, wo wir schließlich das Etsch-Tal erreichen. Von dort ist es nur noch ein Katzensprung bis Trient, dem Start- und Ziel-Ort unserer heutigen spannenden Rundreise.

INFOS ZUR TOUR

CHARAKTERISTIK
Auch auf dieser Route gibt es von jedem etwas. Die Kaiserjägerstraße ist höchst anspruchsvoll, das gleiche gilt für den Aufstieg auf den Campomolon. Es gibt einige landschaftlich sehr spektakuläre Streckenabschnitte, die jedoch keine fahrerisch übermäßige Herausforderung darstellen. Klar, ganz ohne Erfahrung sollte man sowieso nicht in die Berge des Trentino fahren. Vorsicht ist geboten, wenn, wie bei uns am Monte Campomolon, dichter Nebel auftritt. Dann ist es naturbedingt mit der Sicht nicht mehr so gut, aber die Gefahr glatter Straßen wird bisweilen ebenfalls unterschätzt.

PÄSSE DER TOUR
Der Passo Coe mit seinen 1610 Metern Höhe und der Passo del Redebus auf 1453 Metern spielen zwar nicht in der Liga der höchsten Alpenpässe, sie sind jedoch je nach Witterung während der Wintermonate ebenfalls gesperrt. Auch bei ihnen sind die Wintersperren witterungsabhängig, www.alpenpaesse.de informiert aktuell darüber.

ÜBERNACHTUNG
Sport- und Wellnesshotel Cristallo
Via G. De Vettorazzi 2, I-38056 Levico Terme
Motorradhotel mit tollem Wellness-Bereich und umfangreichem Service für Motorradfahrer.
www.hotelcristallotrentino.it
GPS 46.014105, 11.302467

Hotel Doria
Via Arturo de Bonetti 10, I-38069 Nago
Renoviertes Hotel mit Augenmerk auf Motorradfahrer und tollem Service, sehr zu empfehlen.
www.hoteldoria.net
GPS 45.878033, 10.891291

KOMBINATIONSMÖGLICHKEITEN
Eine Kombination dieser Runde mit Tour 10 ist gut machbar. Kilometerfresser hängen noch einen Abstecher auf die Gardesana Occidentale, die geniale östliche Uferstraße des Gardasees an. Alternativ lässt sich die Route im Nordosten auch über Borgo und den Passo di Manghen fahren. Dann werden es allerdings wirklich reichlich Kilometer.

TOUR 9 VON SÜDTIROL INS ENGADIN

Drei-Länder-Tour

Der König der Südtiroler Pässe, das Stilfser Joch, macht diese Route zu einem echten Kracher. Aber auch die anderen Pässe dieser Drei-Länder-Tour wie Ofen-, Umbrail- oder Reschenpass überzeugen mit tollen Landschaften und reichlich Fahrspaß. Zwei mächtige Burgen wachen über das Land und die versunkene Kirche im Reschensee ist das beliebteste Postkartenmotiv des Vinschgaus.

Auffahrt zum Stilfser Joch.

TOUREN-STECKBRIEF

BASISORT
Schluderns (46.665984, 10.582111)

STRECKENLÄNGE
ca. 170 km

DAUER DER TOUR
6-7 Stunden

ROADBOOK
Schluderns, Trafoi, Stilfser Joch, Umbrailpass, Val Muraunza, Santa Maria Val Müstair, Ofenpass, Zernez, Schuls, Martina, Nauders, Reschenpass, Reschensee, Graun, Haidersee, Mals, Schluderns

HIGHLIGHTS
48 Kehren in grandioser Kulisse hinauf auf 2 757 Meter – für uns ist das Stilfser Joch einer der schönsten Pässe Europas und ein absolutes Muss bei jeder Südtirol-Tour (46.528633, 10.453053).

Der Schweizer Ofenpass auf 2 150 Metern Höhe garantiert ebenfalls richtig Kurvenspass und liegt in traumhafter Landschaft (46.639580, 10.292799).

Idealer Pausenplatz am Haidersee.

TOUR 9 VON SÜDTIROL INS ENGADIN

Wehrhaftes Gemäuer bei Schluderns: die Churburg.

Ganz im Osten Südtirols, nahe der Grenze zur *Schweiz*, liegt *Schluderns*. Keine zweitausend Einwohner hat das Vinschgauer Städtchen, dennoch freut sich Schluderns über eine enorme Besucherzahl. Kein Wunder, thront doch mit der mittelalterliche Churburg die besterhaltene Festung Südtirols über dem Ort. Und die ist nicht nur von außen richtig beeindruckend, sie beherbergt auch die weltweit größte private Waffenkammer mit unzähligen perfekt erhaltenen Rüstungen, Hieb- und Stichwaffen. Während des dreitägigen Mittelalter-Festivals im August quillt Schluderns förmlich über vor Besuchern.

48 Kehren

Jetzt im frühen Sommer war es für Kiki und für mich kein Problem in Schluderns spontan ein Zimmer zu bekommen. Das war auch gut so, haben wir uns doch extra diesen Ort

bis Mai Wintersperre, aber wenn die Straße offen ist, bietet sie Fahrspaß de luxe. Ohne Unterlass schlängelt sich der Weg mal links, mal rechts, hinauf, hinab durch das Tal. Die oberen Gänge kommen gar nicht mehr zum Einsatz. Wem hier nicht schwindelig wird, der muss schon recht abgebrüht sein. Das dazu noch mitreißende Panoramen geboten werden, lässt die Qual der Wahl entstehen - Fahrspaß oder Fernsicht, Hingucker oder Knieschleifer, man muss sich entscheiden.

Bis *Santa Maria Val Müstair* geht der Riesenspaß weiter, hier muss man einfach einen kurzen Stop einlegen – schließlich werden hier Weltrekorde gemacht. Im Guinnessbuch der Rekorde ist sie dokumentiert und ihr Name

Legendär: die Stelvio-Bratwurst.

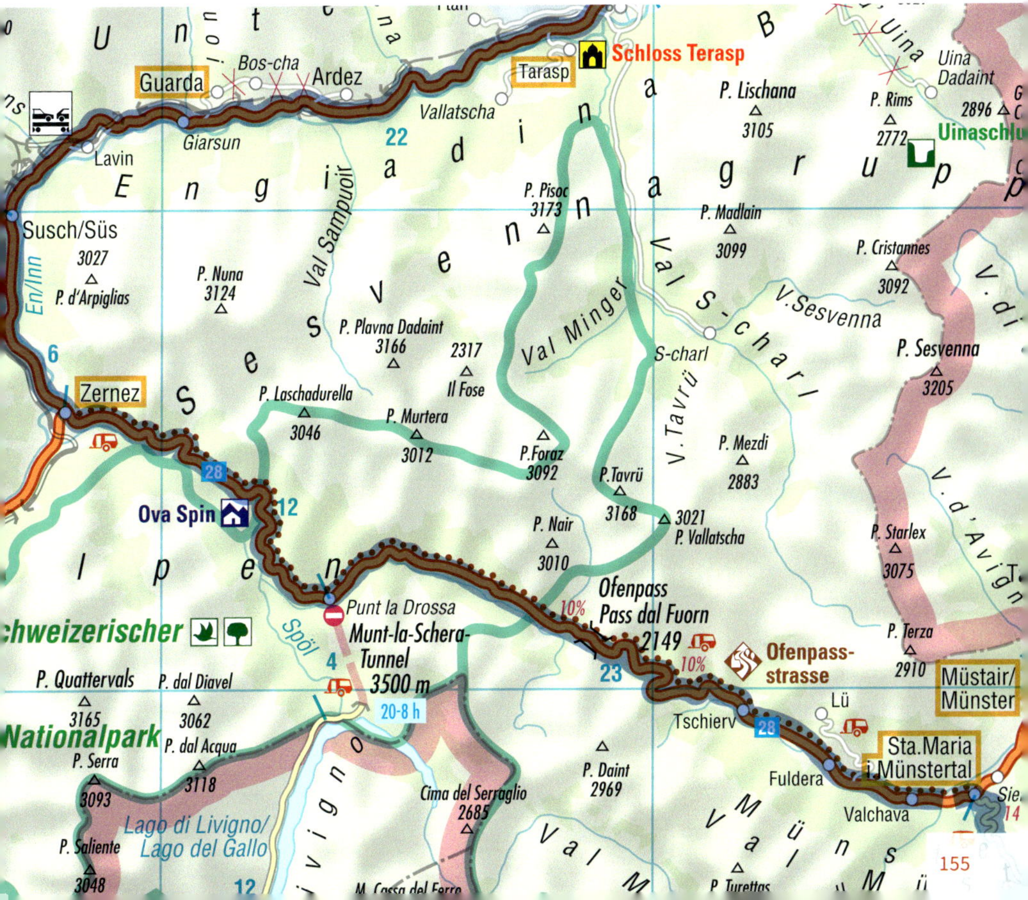

Bei Ramosch im Unterengadin.

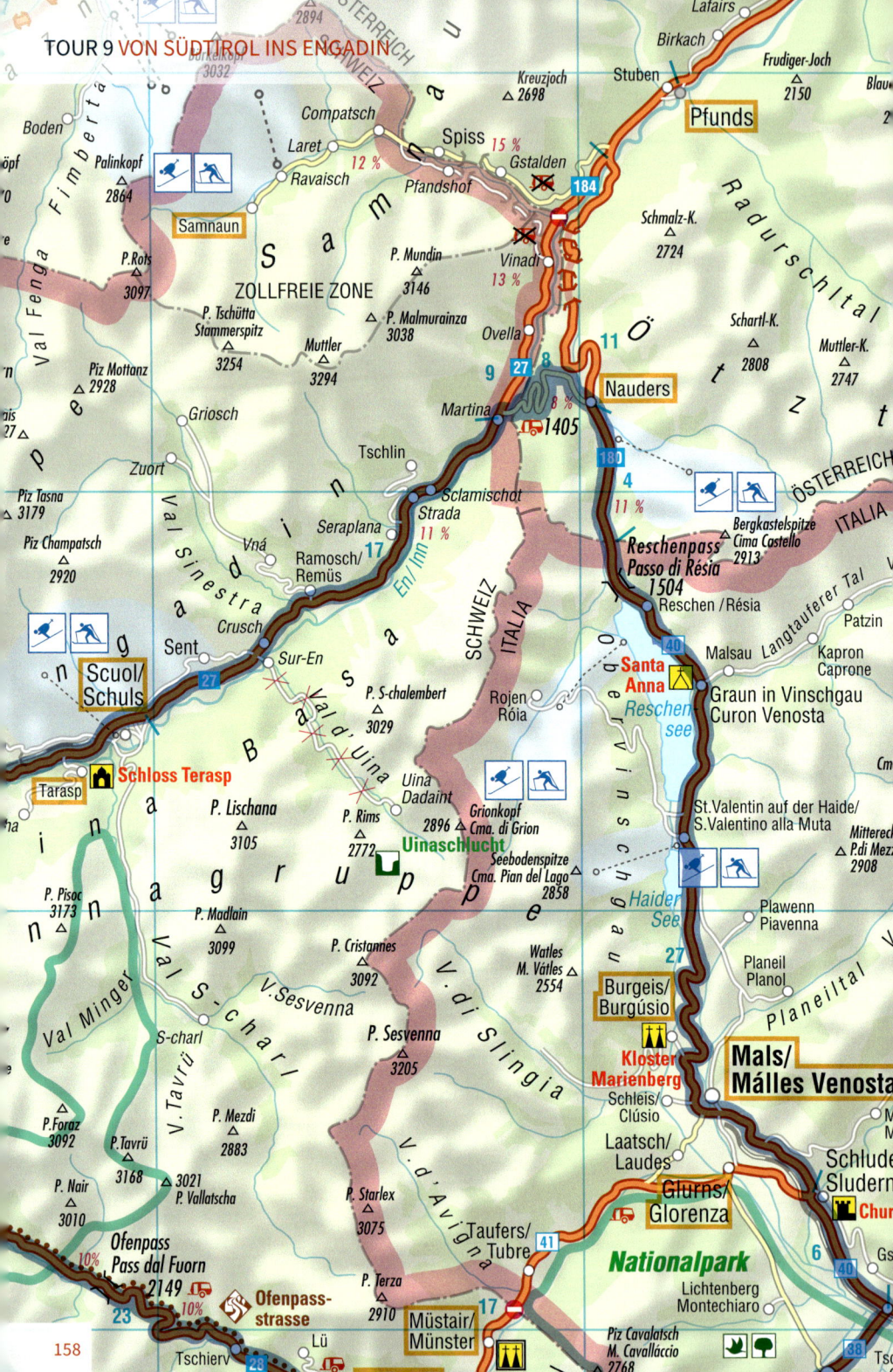

ist Programm: „The Smallest Whisky Bar on Earth". Auf gerade mal 8,5 Quadratmetern werden hier in uriger Atmosphäre leckere Whiskys ausgeschenkt. Schlecht nur, dass sich das so schlecht mit dem Moppedfahren verträgt.

Im Nationalparkzentrum

Weiter geht es mit steilem Anstieg und unzähligen Kurven Anlauf. Es gilt, die nächste Berghöhe zu überwinden, den 2 149 Meter hohen *Ofenpass*. Seinen eigentümlichen Namen hat der *Pass dal Fuorn* durch die früheren Eisenschmelzen, in denen die Erze aus den umliegenden Bergwerken geschmolzen wurden. Die Überreste der Hochöfen sind auch heute noch überall erkennbar, und auch die negativen ökologischen Folgen, schließlich wurden für die Öfen Unmengen an Holz geschlagen. Die riesigen kahlen Felsflächen sind nicht zu übersehen.

Langsam aber sicher schwingen wir uns wieder hinunter ins Tal. Wir erreichen *Zernez*, das nette Städtchen, und finden uns dort an den Ufern des *Inns* wieder. In Zernez lohnt der Besuch des Nationalparkzentrums. Verschiedene interessante Ausstellungen, der Shop und die Tourist Information versorgen die Besucher mit jeder Menge Wissen und Infos rund um den Schweizer Nationalpark. Auch für Motorradfahrer gibt es dort viel Wissenswertes zu erfahren.

Glückliche Kuh am Dreiländereck.

Offener Schlagbaum: freie Bahn dem Tüchtigen.

TOUR 9 VON SÜDTIROL INS ENGADIN

Klasse Kehren rund um Nauders.

Nauders am Reschenpass in den Tiroler Bergen.

Entlang des Inns folgen wir der kurzweiligen Straße wieder in Richtung Osten. Durch kleine Tunnel und Örtchen, immer gleich neben den Bahnschienen und dem rauschenden Wildwasser, geht es nach *Schuls*. Ein, zwei Kilometer vor dessen Ortsbeginn gebe ich Gas, möchte einen langsam vor sich hin tuckernden Trecker überholen. Was auch immer der Kollege auf seinem Traktor macht, richtig kann es nicht sein. Als ich genau auf seiner Höhe bin, zieht er stetig nach links. Ich kann nicht ausweichen, links ist die Felswand. Bremsen geht auch nicht, die hinteren Monsterreifen sind schon bedrohlich nah. Ich schalte runter, gebe mehr Gas und schaffe es gerade noch so, vor dem Gefährt weg zu kommen. Im Rückspiegel sehe ich, dass der Treckerfahrer immer noch irgendwas in seinem Führerhaus hoch über der Straße herumsucht. Er hat überhaupt nichts mitbekommen.

Motorradfahrer-Traum

Unser beider Puls ist auf 180. Grund genug, in Schuls eine erholsame Kaffeepause einzulegen. Kein Problem, es gibt gleich mehrere einladende Cafés in dem sympathischen Dorf, das nicht umsonst einen sprudelnden Brunnen im Stadtwappen trägt. Hier plätschert und sprudelt es aus unzähligen Brunnen und Quellen. Aber nicht nur deswegen ist der Badeort so beliebt. Der ganze Unterengadin rund um Schuls ist für sein sonniges Klima bekannt und gehört mit seiner fantastischen Landschaft zu den trockensten Regionen der Alpen. Kurz gesagt: Ein Traum für Motorradfahrer. Und kaum sind wir abgestiegen, rattert auch schon der Trecker an uns vorbei. Ich denke mir meinen Teil, winke dennoch freundlich rüber.

Rechts und links des Inn-Tales türmen sich die gewaltigen Berge bis in 3 000 Meter Höhe, und wo sich einst der Inn mit viel Mühe ein Tal schuf, folgten ihm die Straßenbauer mit kurvenreichem Asphalt, unzähligen Felsdurchbrüchen und architektonischen Meisterleistungen. Mal steigt die Straße kräftig an, führt hoch über den Fluss, der wild schäumend durch das Gestein bricht, und gleich danach geht es wieder hinab, fast bis ans Ufer des spritzenden Nass – eine fantastische Streckenführung.

In *Martina* gilt es aufzupassen. Scharf rechts abbiegen, Richtung *Nauders*, und schon steht man an der Grenze nach Österreich. Oder man wird, so wie wir, von den freundli-

Einst landesfürstliche Gerichtsburg: Schloss Naudersberg.

Östereichisch-italienische Grenze am Reschenpass.

TOUR 9 VON SÜDTIROL INS ENGADIN

Aus dem Reschensee ragt der Kirchturm vom versunkenen Alt-Graun.

chen Grenzern gleich weiter gewunken. In wildem Geschlängel windet sich die schmale Straße hoch gen Nauders. Und wo wir gerade bei Grenzen sind, knapp vier Kilometer später findet man sich an der Landesgrenze nach Italien wieder. Hier ist der Grenzposten gänzlich unbesetzt und nach ein paar hundert Metern haben wir den 1455 Meter hohen *Reschenpass* erreicht. Genau der richtige Ort für ein eiskaltes erfrischendes Getränk, einen netten Plausch mit Motorradfahrer-Kollegen und einen tollen Blick in die grandiose Landschaft.

Atlantis der Berge

Südlich des Reschenpasses schließt sich gleich der *Reschensee* an. Kein natürlicher See, sondern künstlich geschaffen. Wären wir hier vor 1948 lang gefahren, wäre unser Blick nicht auf ein türkis funkelndes Gewässer gefallen. Damals stand hier noch der alte Teil des Dorfes *Graun*. Davon zeugt noch heute die aus dem See ragende Turmspitze. Und als wäre das nicht schon schlimm genug, haben die Kastelruther Spatzen auch noch ein Lied darüber gesungen: „Atlantis der Berge".

Weiter geht es, vorbei am *Haidersee*, entlang des Flusses *Adige*, steil hinauf nach *Mals*. Die obervinschgauer Marktgemeinde besitzt über 100 Baudenkmäler und ist lebendige Geschichte. Für uns ist sie die letzte Station, bevor wir wieder nach Schluderns hineinrollen, wo wir heute morgen zu dieser fantastischen Pässetour aufbrachen.

INFOS ZUR TOUR

CHARAKTERISTIK
Diese sehr spannende Drei-Länder-Tour durch Südtirol, durch das Engadin und mit einem kurzen Abstecher nach Österreich ist recht anspruchsvoll. Das 2757 Meter hohe Stilfser Joch hat schon so manchem Motorradfahrer seine Grenzen aufgezeigt. Zur Belohnung gibt es dafür eines der schönsten Panoramen Südtirols und eine Rundtour über fantastische Passstraßen. Es gibt viel zu sehen und zu entdecken rechts und links des Asphalts.

PÄSSE DER TOUR
Das Stilfser Joch haben wir bereits beschrieben. Ihm folgt der ebenfalls sehr schöne, wenn auch nicht ganz so spektakuläre Umbrailpass mit 2500 Metern und der Schweizer Ofenpass in 2150 Metern Höhe. Es schließt sich der Ova Spin (1879 Meter hoch) an. Kurz vor dem Reschensee passiert man den Reschenpass in gut 1500 Metern Höhe. Die Wintersperren variieren, der aktuelle Stand lässt sich unter www.alpenpaesse.de nachlesen.

ÜBERNACHTUNG
Hotel-Gasthof Edelweiss
Fraktion Schlinig 23, I-39024 Mals
Familiäres Haus mit sehr freundlicher Atmosphäre und typisch Südtiroler Küche.
www.schlinig.it
GPS 46.704530, 10.474525

Seehotel
Hauptstraße 19, I-39027 Reschen am See
Tolle Panoramalage am See, komfortable Zimmer mit Balkon, mediterrane und Tiroler Küche.
www.seehotel.it
GPS 46.828768, 10.518294

KOMBINATIONSMÖGLICHKEITEN
Diese Tour lässt sich hervorragend mit Tour 1 kombinieren. Wer nicht genug bekommen kann, ergänzt die Route mit einem Abstecher über den Flüelapass ins Schweizerische Davos. Denkbar ist auch eine Fahrt ins Val Samnaun ganz im Norden der Tour.

Quer **durch**

In der quirligen Hauptstadt Trient startet diese Reise in die Belluner Dolomiten. Die legendäre Kaiserjägerstraße, die aussichts- und kurvenreichen Strecken oberhalb des Brenta-Tals oder der Passo Brocon – es mangelt nicht an Highlights auf dieser kurzweiligen Tour. Fahrerisch ist hier alles vertreten, von der einspurigen Serpentine über die knackige Landstraße bis zur schnellen Strada Statale – eben Motorradspaß pur.

Zwischen Grigno und dem Passo Brocon wächst ein guter Tropfen.

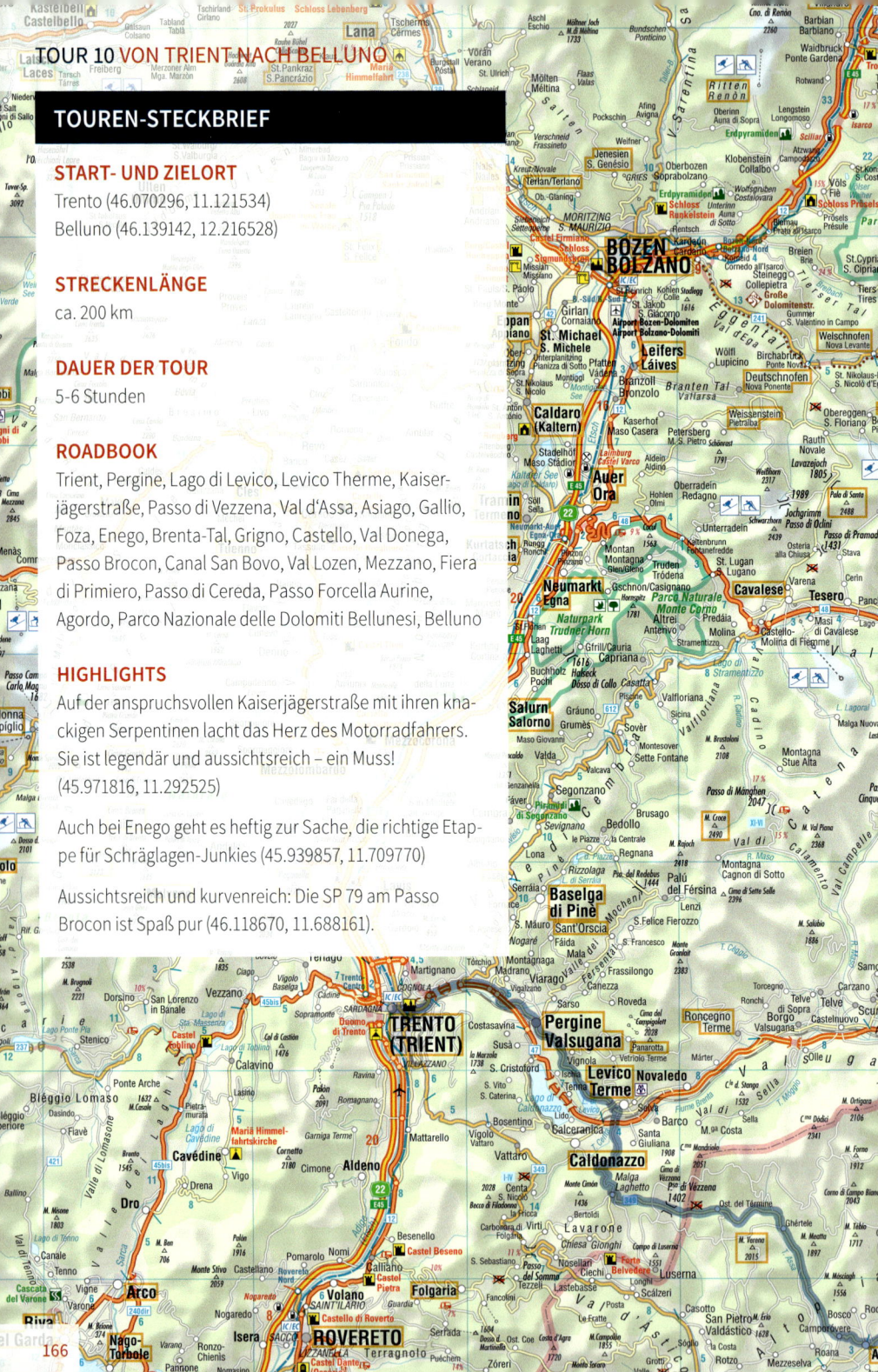

TOUR 10 VON TRIENT NACH BELLUNO

TOUREN-STECKBRIEF

START- UND ZIELORT
Trento (46.070296, 11.121534)
Belluno (46.139142, 12.216528)

STRECKENLÄNGE
ca. 200 km

DAUER DER TOUR
5-6 Stunden

ROADBOOK
Trient, Pergine, Lago di Levico, Levico Therme, Kaiserjägerstraße, Passo di Vezzena, Val d'Assa, Asiago, Gallio, Foza, Enego, Brenta-Tal, Grigno, Castello, Val Donega, Passo Brocon, Canal San Bovo, Val Lozen, Mezzano, Fiera di Primiero, Passo di Cereda, Passo Forcella Aurine, Agordo, Parco Nazionale delle Dolomiti Bellunesi, Belluno

HIGHLIGHTS
Auf der anspruchsvollen Kaiserjägerstraße mit ihren knackigen Serpentinen lacht das Herz des Motorradfahrers. Sie ist legendär und aussichtsreich – ein Muss! (45.971816, 11.292525)

Auch bei Enego geht es heftig zur Sache, die richtige Etappe für Schräglagen-Junkies (45.939857, 11.709770)

Aussichtsreich und kurvenreich: Die SP 79 am Passo Brocon ist Spaß pur (46.118670, 11.688161).

TOUR 10 VON TRIENT NACH BELLUNO

Oberhalb des Lago di Caldonazzo.

Den richtigen Weg aus *Trient* heraus zu finden ist nicht schwer, auch wenn der Verkehr in der Hauptstadt Trentino-Südtirols am frühen Morgen schon ganz schön brummt. Die Schnellstraße in Richtung *Padova* ist gut ausgeschildert und so haben wir schnell das quirlige Stadtzentrum der Universitätsstadt hinter uns gelassen. Gestern waren wir hier angekommen, hatten problemlos ein nettes, zentral gelegenes

Hotel gefunden und nachmittags und am Abend die Stadt erkundet. Natürlich hat Trento, wie der Italiener es nennt, noch viel mehr zu bieten, als man an einem knappen halben Tag entdecken kann, aber wir sind ja zum Motorradfahren hier.

Die Kaiserjägerstraße

Aus dem *Etsch-Tal* heraus geht es bergauf in Richtung Südosten und schon nach wenigen Kilometern verlassen wir bei *Pergine* die mehrspurige Schnellstraße. Hier warten gleich zwei sehr schöne Seen auf unternehmungslustige Urlauber, der *Lago di Levico* und der größere *Lago di Caldonazzo*. Beide werden touristisch genutzt, Surfer und Segler kreuzen auf dem Wasser, einige Campingplätze säumen die Ufer. Im geschäftigen Kur- und Badeort *Levico Therme* lassen wir schließlich auch die Landstraße hinter uns und biegen zu Füßen des über 1900 Meter hohen *Cima di Vezzena* in die Bergwelt des *Altopiano di Asiago* ab.

Unser Weg in die Berge ist die legendäre *Kaiserjägerstraße*. Schon in den

Es grünt und blüht rund um den Passo Vezzena.

Aufkleber haben Tradition am Pass-Schild.

TOUR 10 VON TRIENT NACH BELLUNO

Prima Straße zwischen dem Passo Vezzena und Asiago.

1870er Jahren als Steig angelegt und 1911 als Kriegsstraße von den österreichischen Kaiserjägern ausgebaut, führt sie teils einspurig und in engen Kehren zwischen ehemaligen österreichischen Sperrwerken hindurch in die Höhe. Wie so viele Bergstraßen, hat sie ihre Entstehung letztlich militärischen Konflikten zu verdanken, diente sie doch einst dem Transport des Materials zum Bau der Befestigungswerke im Grenzgebiet zwischen Österreich-Ungarn und Italien.

Der Pass ruft

Bevor wir das Hochplateau Altopiano di Asiago nun aber erreichen, gilt es, den ersten Pass zu überwinden. Noch eine letzte Steigung, eine Handvoll Kurven, dann rollen wir am 1417 Meter hohen *Passo di Vezzena* aus. Vor vielen Jahren war es hier auf der Passhöhe noch möglich, auf die spektakuläre *Erzherzog-Eugen-Straße* und die Zufahrt zur Gipfelfestung auf dem *Cima di Vezzena* abzubiegen, heute sind diese beiden legendären, zum Teil unbefestigten Strecken leider für Kraftfahrzeuge gesperrt. Zwar gibt

es immer noch Motorradfahrer, die die Strecken dennoch befahren, die Strafen dafür fallen allerdings heftig aus und können die Urlaubskasse schon mal locker sprengen.

Entspannt cruisen

Der Passo di Vezzena entlässt uns ins östlich gelegene *Val d'Assa*. Entspannt cruisen wir durch das hoch gelegen Tal vorbei am 2 015 Meter hohen *Monte Verena*. Einige Sperrwerke und Verteidigungsanlagen aus den österreichisch-italienischen Kriegen liegen in dieser bei Wanderern und Mountainbikern sehr beliebten Region. Schmale Stichstraßen führen in die umliegenden Bergketten.

Bald haben wir *Asiago* erreicht. Das sympathische Städtchen ist das Zentrum der *Sette Comuni*, der Sieben Gemeinden. Ursprünglich wurde die Hochebene um Asiago um das Jahr 1000 von ausgesiedelten deutschen Bauern urbar gemacht. Daraus bildeten sich sieben Gemeinden und eine Sprachinsel, die im langen Lauf ihrer wechselhaften Geschichte stets Sonderrechte genossen. Heute ist Asiago ein beliebter Touristenort und Ausgangspunkt für spannende Touren ins

Die Gedenkstätte Leiten bei Asiago.

Tolles Panorama zwischen Asiago und Enego.

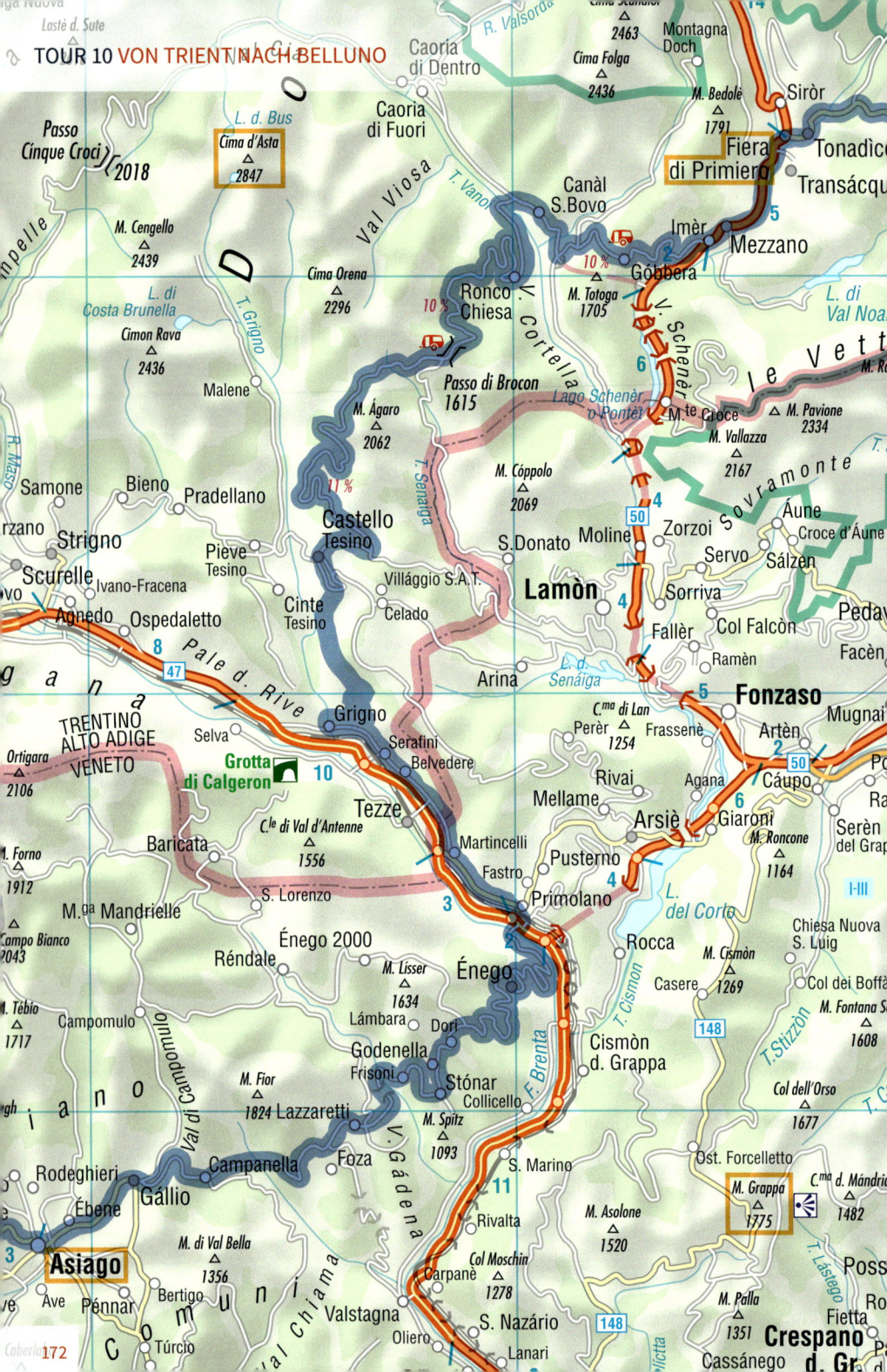

Altopiano di Asiago und – wie sollte es anders sein – ein geschätzter Wintersportort.

Über *Gallio* setzen wir unsere Reise gen Osten fort. In *Foza* schwenken wir gen Norden und steuern *Enego* an. Enego, ebenfalls eine der Sieben Gemeinden, empfängt uns mit einem netten, überschaubaren Zentrum, dem *Piazza del Popolo* zu Füßen der Kathedrale von Santa Giustina. Die mächtige Kirche ragt schneeweiß in den strahlenden, blauen Himmel. Angeblich sind es genau 100 Stufen, die hinauf ans Kirchentor führen. Wir sparen uns das Nachzählen, genießen einfach den tollen Anblick und das grandiose Panorama von Enego hinab in das *Brenta-Tal*.

Kühlender Fahrtwind

Elf Kilometer Kurven: Das verspricht das Verkehrsschild gleich am Ortsausgang von Enego. Über solche Schilder freut sich der Motorradfahrer und genussvoll legen wir Schräglage für Schräglage die vielen Kilometer hinunter ins Brenta-Tal zurück. Dort angekommen, biege ich auf die *Strada Statale 47* ab. Welch ein Kontrast, eben noch das Wechselspiel zwischen dem ersten und zweiten Gang, eine Serpentine nach der anderen, Kurve auf Kurve – jetzt die mehrspurige Schnellstraße, perfekt ausgebaut, breit und übersichtlich. Ich schalte alle Gänge hoch und Kiki und ich genießen den kühlenden Fahrtwind. Nur wenige Minuten allerdings, dann ist auch schon wieder Schluss mit Tempo. Bei *Grigno* verlassen wir die SS 47 und halten uns in Richtung *Castello* und schon hat uns die Bergwelt wieder.

Hinaus aus dem Tal der Brenta steigen wir auf ins *Val Donega*. In wilden Schwüngen und Kehren steigt der Asphalt immer höher und erreicht schließlich in 1615 Metern Höhe den *Passo Brocon*. Direkt vor dem Albergo Passo Brocon rollen wir aus. Den gemütlichen, in der Sonne stehenden Bänken können wir einfach nicht

100 Stufen führen zur Kirche von Énego.

TOUR 10 VON TRIENT NACH BELLUNO

widerstehen. Der obligatorischen Cappuccino am Pass schmeckt gewohnt köstlich. Nördlich des Passes, dessen Name sich übrigens von der Schneeheide Brocon ableitet, geht es wieder kurvenreich hinab. Die Passstraße führt nach *Canal San Bovo*. Das nette Bergstädtchen ist idyllisch zwischen den Berggipfeln des *Cauriol* und des *Totoga* gelegen und gilt als Ausgangspunkt für interessante Wanderungen und Mountainbike-Touren in die umliegende Berglandschaft.

Steil bergab

Wir durchqueren das *Val Lozen* und über *Mezzano* erreichen wir *Fiera di Primiero*. Hier zweigt das sehr schöne *Val Cismon* ab, das in seinem weiteren Verlauf gen Norden über den *Passo di Rolle* in die höchsten Dolomiten-Gipfel führt. Unser Ziel ist aber der östlich gelegene *Passo di Cereda*. Er führt uns auf 1369 Metern Höhe aus dem Trentino hinüber in die Region *Veneto*. Auf seiner Nordseite geht es mit kernigen 22 Prozent Gefälle in die Tiefe. Der *Pass Forcella Aurine* ist mit seinen

Da freut sich das Motorradfahrer-Herz.

Das schöne Enego im Brentatal

1200 Metern zwar keiner der ganz Großen, aber schön ist er dennoch und wie auch schon sein Vorgänger sehr ruhig gelegen. Die komplette SS 347 ist hier nur wenig befahren und nur selten treffen wir hier mal auf andere Verkehrsteilnehmer. Und kaum, dass die beste Sozia der Welt feststellt: „Ganz schön ruhig hier.", begegnet uns das obligatorische Postauto. Bis *Agordo* soll es auch das einzige Auto bleiben, das wir auf der herrlich kurvenreichen Strada Statale 347 del Passo Cereda e del Passo Duran überholen.

Relaxen im Café

Agordo, der Hauptort des *Agordino*, liegt auf 611 Metern Höhe und lockt mit seinem historischen Zentrum viele Besucher. Auf der *Piazza della Libertà*, eingerahmt von schönen Fassaden und Arkaden, sprudelt der große

Es mangelt nicht an Kurven auf dieser Tour.

Urige Bergdörfer spicken die Berge (kl. Bild). Und in den Tälern plätschern die Bergbäche.

TOUR 10 VON TRIENT NACH BELLUNO

Der Passo Brocon verbindet das Tal des Vanoi mit der Hochebene des Tesino.

Dorfbrunnen, gemütliche Cafés und Bars laden zum Relaxen und interessante Gassen zum Bummeln und Entdecken. Ganz witzig und interessant ist übrigens das Optik- und Brillenmuseum von Agordo, eingerichtet von Luxottica, einem weltbekannten Hersteller. Die Sammlung bietet mehr als 1200 Brillen, Ferngläser, Mikroskope, optische Instrumente und vieles mehr. Darunter kostbare Exemplare aus der Zeit um 1500 aus China und Persien oder vom Hofe Ludwigs XIV.

100 Kilometer bis Venedig

Die Strada Statale 203 Agordina führt uns durch die letzte Etappe dieser Tour. Entspannt geht es durch den *Parco Nazionale delle Dolomiti Bellunesi*, den Nationalpark Belluneser Dolomiten. Wir genießen die letzten Zweitausender rechts und links der Strecke, die letzten Berggipfel und Panoramen, bevor es schließlich hinunter in das Tal des Flusses *Piave* geht. An seinen Ufern liegt unser Ziel: *Belluno*, Hauptstadt der gleichnamigen Provinz. Von hier aus sind es gerade mal noch 100 Kilometer bis an die Strände des Mittelmeers bei Venedig – aber das ist wieder eine ganz andere Story. ◀

INFOS ZUR TOUR

CHARAKTERISTIK
Fahrerisch ist hier alles vertreten: einspurige Serpentinen, knackige Landstraßen, die zügige Strada Statale. Die Kaiserjägerstraße ist recht anspruchsvoll, aber auch nur elf Kilometer lang. Es gibt viel zu sehen, landschaftliche und kulturelle Highlights liegen direkt am Wegesrand. Diese Tour ist keine Rundstrecke, sie führt von Trentinos Hauptstadt ins schöne Belluno.

PÄSSE DER TOUR
Der Passo di Vezzena führt in 1417 Metern Höhe vom Trentino in die Provinz Vicenza. In 1616 Metern Höhe liegt der Trentinische Passo Brocon. Der Passo di Cereda (1361 Meter hoch), führt vom Trentino in die Provinz Belluno. Der Forcella Aurine ist einer der südlichsten Übergänge in den Dolomiten, aber nicht wirklich ein Pass. Über Wintersperren informiert www.alpenpaesse.de.

ÜBERNACHTUNG
Sport- und Wellnesshotel Cristallo (siehe S. 149)

Camping Village Lago Levico
SP 16, I-38056 Levico Terme
Großer, komfortabler Campingplatz direkt am See mit eigenem Restaurant, Pizzeria und großem Freizeitangebot.
www.campinglevico.com
GPS 46.006931, 11.286947

Hotel Micamada
Sehr gemütliches Hotel mit familiärem Flair, gute Küche, Garage, Werkstatt, Trockenraum, Tipps, Werkstatt-Ecke und vieles mehr.
www.hotelmicamada.it
GPS 46.004887, 11.246893

KOMBINATIONSMÖGLICHKEITEN
Kombinieren lässt sich diese Tour mit Tour 2 östlich des Gardasees. Für zusätzliche Kilometer und Vielfahrer bietet sich ein Umweg über den Monte Grappa an. Interessant wäre auch der erwähnte Abstecher ins Val Cismon bis zum Passo di Rolle oder nach Forno di Zoldo im Nordosten der Route.

KLIMA | WETTER | REISEZEIT

Damit ist es so eine Sache – die Frage zur besten Reisezeit lässt sich spontan nur mit einer Gegenfrage beantworten: Wo soll's denn hingehen?

Der Gardasee ist das perfekte Ziel vom Frühjahr bis in den Herbst hinein. Im Frühling grünt und blüht es überall, das touristische Treiben hält sich noch in Grenzen. Rund um den See und in den Tälern ist es schon angenehm, die Sonne sorgt für herrliche Wärme. Ähnlich im Herbst – wenn es zu Hause schon Bindfäden regnet und schweinekalt ist, hält sich jenseits des Brenners noch die Wärme. Die Sonne ist noch nicht im Ruhestand und der Indian Summer lässt die Laubbäume in den kräftigsten Farben erstrahlen. Beide Jahreszeiten sind jedoch naturbedingt nicht für die Hochgebirgstouren geeignet. Zahlreiche Pässe sind dann schon eingeschneit und gesperrt. Die Wintersperren gelten bisweilen von Oktober bis Mai, manchmal sogar in den Juni hinein, wenn die Schneetendenz allgemein auch eher abnimmt – der Klimawandel eben. Frühling und Herbst sind also perfekt für die Gardasee-Tour geeignet und mit Abstrichen auch für die Berge darum herum.

Im Sommer ist es eher umgekehrt. In der Hauptferienzeit im Hochsommer ist der Gardasee zwar immer noch schön, aber auch gut besucht – sehr gut sogar. Die Uferstrecken können dann vom Verkehrsgeschehen schon mal überfordert sein. Das ist aber im Prinzip kein Problem. Einen „Ausstieg" gibt es regelmäßig und in den umliegenden Bergen verstreut sich der Verkehr relativ schnell. Klar ist im Hochsommer auf dem einen oder anderen Pass auch schon mal etwas mehr los, aber Hand aufs Herz. Mit dem Mopped ist man schnell am Touri-Auto vorbei.

Generell gilt, dass das Wetter auch am gleichen Tag regional sehr unterschiedlich sein kann. Herrschen in dem einen Tal Wolken vor, reicht bisweilen ein Abstecher über den nächsten Pass, um jenseits des Bergrückens im nächsten Tal die Sonne zu genießen. Noch mehr gilt das natürlich für den Unterschied zwischen Tal- und Berg-Lagen. Übrigens, egal, zu welcher Jahreszeit: Ist man im Hochgebirge mit dem Motorrad unterwegs, sollte man sowieso immer Regenkleidung dabei haben. Im Hochland kann das Wetter rasch wechseln. Bei Bergtouren auch lieber einen warmen Pulli mehr mitnehmen. Der morgendliche Blick in den blauen Himmel garantiert keine Sonnentour am Nachmittag.

PRAKTISCHES | LINKS

Auch wenn die Grenze nach Deutschland nicht so weit ist. Für den Fall des Notfalles helfen vor Ort die Konsulate der Heimatländer kompetent weiter:

DEUTSCHES KONSULAT
Via Solferino 40
I-20121 Milano
T +39 (02) 62 31 101

ÖSTERREICHISCHES KONSULAT,
Piazza del Liberty 8/4
I-20121 Milano
T +39 (02) 77 80 780

SCHWEIZERISCHES KONSULAT
Via Palestro 2
I-20121 Milano
T +39 (02) 77 79 161

www.suedtirol.info ist der offizielle, interessante und hilfreiche Internetauftritt der Tourismusorganisationen Südtirols. Die Anschrift ist Pfarr-

platz 11, I-39100 Bozen. Hier lassen sich Unterkünfte buchen und Infos jeglicher Art abrufen. Viele hilfreiche Tipps und jede Menge Vorgeschmack auf einen tollen Urlaub gibt es auch auf den Seiten www.suedtirolerland.it und www.urlaub-suedtirol.it.

Die gut sortierte, offizielle Seite des Trentino Marketing ist www.visittrentino.it. Die Anschrift lautet Via Romagnosi 11, I-38122 Trento.

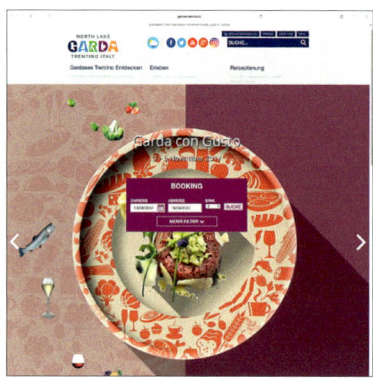

Für das Trentino helfen auch die Seiten www.trentino.com und die offizielle Website des Garda Trentino Turismo www.gardatrentino.it weiter.

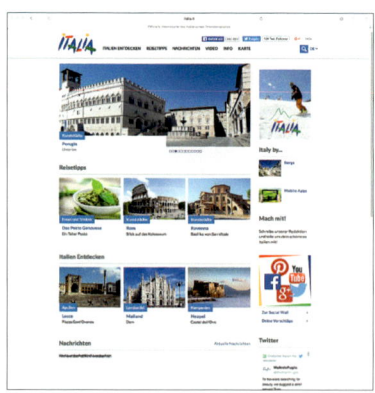

Die offizielle und sehr umfangreiche Seite der italienischen Zentrale für Tourismus heißt www.italia.it.

Sehr hilfreich sind in Italien auch die örtlichen Touristinfo-Büros, die in fast jeder etwas größeren Gemeinde existieren. Hier gibt es Infos, Broschüren, Karten, freundliche Hilfe bei der Suche nach Unterkünften und Camingplätzen und mehr.

ANREISE

Viele Wege führen nach Trentino-Südtirol. Die schönsten natürlich mit viel Muße über herrliche, schweizerische und österreichische Landstraßen. Da aber die wenigsten Reisenden so viel Zeit haben, wird meist zügig über die Autobahn angereist. Dafür bietet sich in erster Linie die Brenner-Autobahn an. Die ist über das österreichische Innsbruck erreichbar. Dorthin geht es entweder aus dem Raum München kommend via A8/A93 (D) und A12 (A) oder über die D95 (D), Garmisch-Partenkirchen (D) und Seefeld (A). Aus dem Raum Ulm bietet sich die schöne, aber nicht immer staufreie Strecke über die A7 (D), Reutte (A) und den Fernpass (A) an.

Früher bestanden einige interessante Möglichkeit, Norditalien via Bahnverladung zu erreichen. Die Deutsche Bahn hat diesen Service inzwischen eingestellt. Es gibt jedoch zur Zeit ei-

LITERATUR | REISEFÜHRER | KARTEN

Die wohl beste Straßenkarte für dieses Gebiet ist unserer Meinung nach die **MARCO POLO-KARTE** Italien Blatt 3 Südtirol, Trentino, Gardasee von **MAIRDUMONT** im Maßstab 1:200 000. Diese Karte glänzt nicht nur mit einem übersichtlichen Straßenbild, sie verfügt auch über zahlreiche Zusatzinformationen wie zum Beispiel Straßenbeschaffenheit, Sehenswürdigkeiten, Campingplätze und verschiedene Stadtpläne. Ein umfangreiches Ortsregister erleichtert die rasche Orientierung. Die Karte kostet 9,99 Euro und ist wie die weiter beschriebenen Reiseführer im Buchhandel oder via Amazon erhältlich.

ISBN 978-3-829739-75-7

nige private Anbieter, der Markt ist diesbezüglich gerade sehr in Bewegung. Zur Drucklegung dieses Buches sind angeblich gerade wieder drei Ziele in Italien geplant. Ein Blick auf www.autoreisezug-planer.de verschafft aktuell Klarheit.

Noch ein wichtiger Tipp: Die Strafen für Verkehrsvergehen sind in Italien, wie fast überall in Europa, wesentlich höher als in Deutschland. Zwar haben wir persönlich italienische Polizisten meist als sehr entspannt erlebt, aber wenn es blitzt, kann es richtig teuer werden. Ganz dramatisch wird es, wenn unerlaubterweise Naturschutzgebiete offroad befahren werden. Ein Ausfliegen des Motorrades via Hubschrauber und der Einzug des Fahrzeugs sind möglich, die Kosten lassen sich leicht ausmalen. Deshalb empfehlen wir, eigentlich eine Selbstverständlichkeit, grundsätzlich eine relaxte und gesetzeskonforme Fahrweise, was durchaus Geld und Nerven schonen kann – man ist ja schließlich im Urlaub.

Als Reiseführer empfehlen wir den Band **SÜDTIROL** Dietrich Höllhuber und Florian Fritz im **MICHAEL MÜLLER VERLAG**. Die 2015er Auflage bietet auf 648 Seiten zahlreiche Fotos und eine Vielzahl an Tipps, Vorschlägen und Hinweisen für einen gelungenen Urlaub. Der Reiseführer kostet 24,90 Euro.

ISBN 978-3-899539-89-9

Weitere Tourenvorschläge gibt es im **MOTORRADKARTEN-SET ITALIEN NORD** von **BIKER BETTEN** im **TVV TOURISTIK VERLAG**. Für 19,95 Euro gibt es das ultimative Kartenset mit acht

ALLGEMEINES DOLOMITEN MIT TRENTINO UND GARDASEE

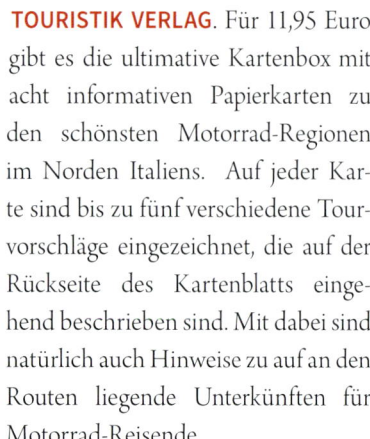

TOURISTIK VERLAG. Für 11,95 Euro gibt es die ultimative Kartenbox mit acht informativen Papierkarten zu den schönsten Motorrad-Regionen im Norden Italiens. Auf jeder Karte sind bis zu fünf verschiedene Tourvorschläge eingezeichnet, die auf der Rückseite des Kartenblatts eingehend beschrieben sind. Mit dabei sind natürlich auch Hinweise zu auf an den Routen liegende Unterkünften für Motorrad-Reisende.

ISBN 978-3-937063-27-0

Die praktischen und hilfreichen Karten vom **TVV TOURISTIK VERLAG** sind im Maßstab 1:250 000 ausgeführt. Erhältlich sind die Boxen im Buchhandel, via Amazon oder auf www.bikerbetten.de. Dort gibt es zudem unzählige weitere Tipps zu Motorradtouren durch ganz Europa.

folierten, wasserabweisenden und reißfesten Karten. Alle sind mit eingezeichneten und beschriebenen Touren sowie vielen an den Routen liegenden Unterkünften für Motorrad-Reisende und Tourenfahrer versehen. Geliefert werden sie in einer praktischen Tasche mit Reißverschluss im Tourenmaßstab 1 250.000. Erhältlich ist das Set im Buchhandel, via Amazon oder direkt unter www.bikerbetten.de.

ISBN 978-3-937063-14-0

Klein und handlich ist die **MOTORRADKARTEN-BOX ITALIEN NORD** von **BIKER BETTEN** im **TVV**

UNTERKUNFT

In Südtirol und im Trentino werden alle Arten von Übernachtungsmöglichkeiten angeboten. Einen Platz für die Nacht zu finden, ist relativ einfach. Wir haben damit noch nie ein Problem gehabt. Einzig in den Haupt-Ferienmonaten Juli und August kann die Suche schon mal etwas länger dauern. Dann kann es schon mal hilfreich sein, Unterkünfte vorher zu reservieren. Dies geht problemlos über die oben genannten Internetseiten oder die einschlägigen Portale wie

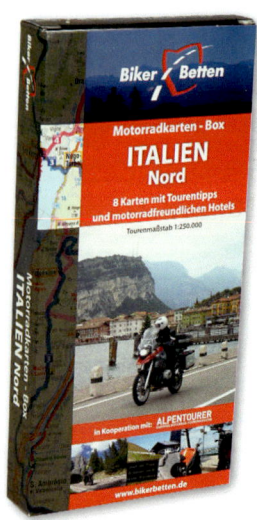

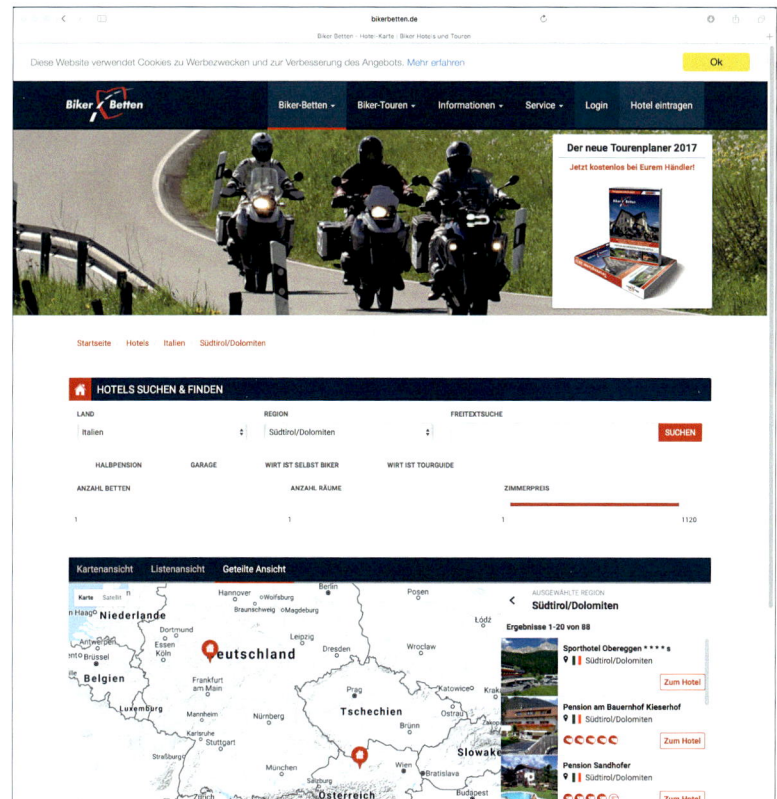

www.booking.com. Spontanes Übernachten sollte allerdings ein wenig Abseits der Hauptorte das ganze Jahr über möglich sein.

In Norditalien gibt es zudem eine ganze Reihe sehr schöner Campingplätze in allen möglichen Größen und Ausstattungen. Das Angebot reicht vom Fünf-Sterne-Platz mit Rundum-Service am See bis zur einfachen Zeltwiese mit Scheunendusche beim Bauern. Die Vielfalt ist riesig und auch hier gilt: Ein wenig abseits des Haupttrubels lässt sich rund ums Jahr immer etwas finden.

In den jeweiligen Kapiteln haben wir am Ende im Info-Kasten grundsätzlich hilfreiche Tipps zur Übernachtung angegeben.

Sehr empfehlenswert für die Suche nach motorrad-freundlichen Unterkünften, auch über die Region Trentino-Südtirol hinaus, ist übrigens der **BIKER BETTEN TOURENPLANER**. Das Standardwerk mit über 800 Adressen kann online unter www.bikerbetten.de bestellt werden. Auf der Webseite lassen sich übrigens auch online Unterkünfte suchen und weitere Motorrad-Reiseführer ordern.

Kleiner Sprachführer

Für eure Motorradreise nach Italien sind hier die wichtigsten Begriffe und Redewendungen zusammengestellt.

Hinweise zur Aussprache | Sonderzeichen:

c	vor e und i wie tsch, sonst wie k Bsp. ciao (hallo); come (wie)
g	vor e und i wie dsch, sonst wie g Bsp. viaggio (Reise); grazie (danke)
ch	wie k Bsp. che (was)
gh	wie g Bsp. funghi (Pilze)
sce	wie sch Bsp. lasciare (lassen)
sch	wie sk Bsp.: pesche (Pfirsiche)

VERSTÄNDIGUNG

ja / nein	si / no
was / wann / wo / hier	che cosa / quando / dove / qui
Sprechen Sie Deutsch?	Parla tedesco?
Haben Sie mich verstanden?	Ha capito?
Ich habe verstanden.	Ho capito.
Ich habe das nicht verstanden.	Non l'ho capito.

BEGRÜSSUNG | VERABSCHIEDUNG

Hallo	Ciao
Guten Tag / Abend	Buongiorno / Buona sera
Wie geht es Dir / Ihnen?	Come sta / stai?
Danke, gut. Und Dir / Ihnen?	Bene, grazie. E Lei / tu?
Auf Wiedersehen / tschüs	Arrivederci / Ciao

KENNENLERNEN

Ich heiße…	Mi chiamo…
Wie heißt Du / heißen Sie?	Come si chiama / ti chiami?
Woher kommst kommen Sie/Du?	Di dov'è / dove sei?
Ich komme aus Deutschland / Österreich / der Schweiz	Vengo dalla Germania / dall'Austria / dalla Svizzera

HÖFLICHKEIT

Bitte	Per favore! Oder auch „Prego" (als Antwort auf „Danke")
Vielen Dank(e)	Grazie (mille)
Könnten Sie mir bitte helfen?	Mi potrebbe aiutare, per favore?
Entschuldigen Sie!	Scusi!
Das tut mir leid!	Mi dispiace!
Das macht nichts!	Non fa niente!

NOTRUFNUMMERN IN FRANKREICH (generell: 112)
113 (Polizei) | 115 (Feuerwehr) | 118 (Rettungswagen)

UNTERKUNFT

Wo ist die Touristeninformation?	Dov'è l'ufficio turistico?
Können Sie mir ein gutes Hotel / preiswertes Hotel / eine Pension empfehlen?	Mi potrebbe consigliare un buon albergo / un albergo economico / una pensione / alloggi privati?
Wie komme ich dorthin?	Come ci si arriva?
Haben Sie ein Einzelzimmer / Doppelzimmer frei?	Avete una singola / doppia libera?
Wie viel kostet es?	Quanto costa?
Ich nehme es!	La prendo!

WETTER

Was sagt der Wetterbericht?	Cosa dicono le previsioni del tempo?
Es wird schön / warm / heiß / schwül / kalt / schlecht	Farà bello / caldo / molto caldo afoso / freddo / brutto.
Es wird regnen	Pioverà!
Es wird ein Gewitter kommen	Ci sarà un temporale.
Sonne	il sole

RUND UMS BIKEN

Anlasser	il motorino d'avviamento	Öl	l'olio
Auspuff	lo scappamento	Parkplatz	il parcheggio
Ersatzteil	il pezzo di ricambio	Reifen	la gomma
Führerschein	la patente	Reifendruck	la pressione delle gomma
Grenze	la frontiera	Schlüssel	la chiave
Zoll	la dogana	Straße	la strada
Helm	il casco	links / rechts / geradeaus	a sinistra / a destra / diritto
Kreuzung	l'incrocio	ziemlich weit	abbastanza lontano
Licht	la luce	nicht weit	non lontano
Maut	il pedaggio	zurück	indietro

SPRACHFÜHRER ITALIENISCH

FÄHRE

Wann fährt die nächste Fähre nach…ab?	Quando parte il prossimo traghetto per…?
Wie lange dauert die Überfahrt nach…?	Quanto dura la traversato fino a…?
Wann legen wir in…an?	Quando sbarchiamo a…?

UNTERWEGS

Entschuldigung, wo ist…?	Scusi, dov'è…?
Wie komme ich zu / nach…?	Come si arriva a…?
Können Sie mir das bitte auf der Karte zeigen?	Mi potrebbe mostrarlo sulla mappa per favore?
Wie viele Minuten mit dem Motorrad?	Quanti minuti si impiega in moto?
Ist das die Straße nach…?	È questa la strada per …?
Wie komme ich zur Autobahn?	Come posso raggiungere l'autostrada?
Wo kann ich mein Motorrad abstellen?	Dove posso parcheggiare la mia moto?
Wie hoch ist die Gebühr für ein Motorrad?	Quant´è la tassa per la moto?

ESSEN UND TRINKEN

essen / trinken	mangiare / bere
Wo gibt es hier ein preiswertes / typisches Restaurant?	Scusi, c'è un ristorante non troppo caro / tipico?
Einen Tisch für … Personen bitte!	Un tavolo per…persone, per favore!
Die Speisekarte bitte!	Mi porta il menù, per favore?
Kann ich noch etwas zu essen bekommen?	É ancora possibile mangiare?
Ich möchte nur etwas trinken.	Vorrei soltanto bere qualcosa.
Suppe	minestra
kalte Vorspeisen	antipasti
Fleischgerichte	carni
Fisch	pesce
Gemüse	verdura
Beilagen	contorni
Käse	formaggi
Getränke	bevande
Brot	pane
Bier	birra
Rotwein / Weißwein	vino rosso / vino bianco
Kaffee	caffè
Wasser (mit / ohne Mineralwasser)	acqua minerale (frizzante / liscia)
Tasse	una tazza
Glas	un bicchiere
Teller	il piatto
Messer / Gabel / Löffel	il coltello / la forchetta / il cucchiaio

Schüssel	bacinella
Flasche	la bottiglia
Die Rechnung bitte	Il conto, per favore.
Frühstück / Mittagessen / Abendessen	la colazione / il pranzo / la cena
bestellen	ordinare
bezahlen	pagare

RUND UM DIE PANNE / DEN UNFALL

Bitte helfen Sie mir!	Mi puo aiutare per favore
Ich habe kein Benzin mehr.	Non ho più benzina.
Wo ist die nächste Tankstelle?	Dov'è il distributore più vicino?
Ich habe eine Reifenpanne.	Ho bucato.
Ich habe eine Motorpanne.	Ho un guasto al motore.
Die Batterie ist leer.	La batteria é scarica.
kaputt	guasto / rotto
Wie teuer wird die Reparatur ungefähr sein?	Quanto costerà all'incirca la riparazione?
Machen Sie bitte nur das Nötigste!	Si prega di fornire solo il minimo indispensabile.
Wann ist es fertig?	Per quando sarà pronta?
Wo ist die nächste Werkstatt?	Dov´è il garage più vicino?
Es ist nicht meine Schuld!	Non è colpa mia!
Ich hatte Vorfahrt!	Avevo la precedenza!
Sie sind zu schnell gefahren!	Lei andava troppo veloce!
Sie haben zu wenig Sicherheitsabstand gehalten!	Lei non ha rispettato la distanza di sicurezza!
Zeuge	testimone
Es ist ein Unfall passiert!	C'è stato un incidente!
… Personen sind (schwer) verletzt.	…persone sono rimaste (gravemente) ferite!
Rufen Sie bitte schnell die Polizei / die Feuerwehr / einen Krankenwagen!	Presto, chiami la polizia / i vigili del fuoco / un'ambulanza!
Ich bestehe darauf, die Polizei zu rufen!	Vorrei chiamare la polizia!

GRUNDZAHLEN

0	zero	10	dieci	30	trenta
1	uno	11	undici	40	quaranta
2	due	12	dodici	50	cinquanta
3	tre	13	tredici	60	sessanta
4	quattro	14	quattordici	70	settanta
5	cinque	15	quindici	80	ottanta
6	sei	16	sedici	90	novanta
7	sette	17	diciassette	100	cento
8	otto	18	diciotto	200	duecento
9	nove	19	diciannove	1000	mille / mila
		20	venti	2000	duemila

REGISTER STÄDTE | ORTE

Adamello-Brenta-Naturpark 36	Folgaria 41, 52, 136, 144	Laifserbach 148
Adda 116	Forcola di Livigno 105, 108, 117	Lastebasse 146
Agordino 177	Fort Tre Sassi 61	Lavis 136, 148
Agordo 168, 177, 180	Foza 168, 175	Levico Terme 136, 147, 149
Alleghe 65	Fusine 65	Limone sul Garda 25, 27, 29, 37
Altopiano di Asiago 171, 172, 175		Livigno 103, 105, 107, 108, 109, 117
Arco 41, 52, 135, 136, 141	Gadertal 56, 59	
Asiago 171, 172, 173, 175	Gallio 168, 175	Lodrone 35
Avisio 146, 148	Gampenjoch 73, 83, 85	Lombardei 5, 17, 18, 29, 44, 71, 75, 77, 81, 103, 106, 117
	Gardasee 2, 5, 17, 23, 27, 32, 34, 37, 43, 45, 182, 185	
Belluno 167, 168, 180, 181		
Bernina 103, 105, 111	Gardesana Occidentale 23, 25, 27, 32, 36, 44, 139, 149	Malcesine 41, 44, 45, 53
Berninapass 105, 110, 112, 117		Malè 73, 82
Bormio 73, 77, 80, 105, 106, 107, 116, 117	Gardesana Orientale 41, 44, 45	Malga Bissina 25, 35, 36
	Gargnano 25, 28, 32	Malga Boazzo 35
Bozen 2, 3, 16, 88, 91, 92, 101, 120, 122, 132, 133, 184	Gaviapass 73, 79, 80, 81, 82, 85	Mals 153, 164, 165
		Marin 65
Brenner 18, 98, 122, 139, 182, 184	Goletto del Crocette 25, 35, 37	Marmolata 18, 66
	Grande Giro delle Dolomiti 67	Martina 153, 163
Brenta-Tal 167, 168, 175	Graun 153, 164	Meran 71, 73, 74, 75, 82, 84, 85
Brentonico 41, 51	Grigno 167, 168, 175	Mezzano 168, 176
Brusio 105, 112, 113	Grödner Joch 2, 15, 55, 56, 59, 62, 68, 69, 127, 133	Molina di Ledro 36
		Monte Altissimo di Nago 44
Canal San Bovo 168, 176		Monte Baldo 5, 39, 43, 44, 45, 46, 48, 49, 51
Cauriol 176	Haidersee 153, 164	
Cavalese 56, 67, 120, 131, 132	Hirzer 91	Monte Bondone 136, 139, 140, 142
Cembratal 136, 148		
Cencenighe 56, 65	Inn-Tal 163	Monte Campomolon 136, 145, 149
Chiese 34		
Collio 25, 34	Jaufenpass 87, 88, 94, 99, 101	Monte Civetta 65
Corna Piana 41, 49		Monte Creino 141
Corno dei Tre Signori 79	Kaiserjägerstraße 136, 146, 149	Monte Gavia 79
Cortina d'Ampezzo 56, 61	Karerpass 56, 65, 67	Monte Piz 65
Corvara 68		Monte Rust 146
	Lago d'Alleghe 56, 65	Monte Stivo 41, 52, 141
Daone 36	Lago di Caldonazzo 146, 170, 171	Monte Vallecetta 106
Dorf Tirol 85, 88, 100, 101		Monte Verena 173
Dro 136, 141	Lago d'Idro 25, 35	Moos in Passeier 88, 97, 101
	Lago di Ledro 25, 36	Mori 41, 51
Eggental 67, 119, 132	Lago di Levico 146, 168, 171	Morignone 116
Enego 168, 173, 175, 177	Lago di Malga Bissina 25, 36	Motta Grande 107
	Lago di Paneveggio 56, 66	
Falcade 56, 66	Lago di Piazze 136, 148	Nago-Torbole 41, 43
Fassatal 56, 67, 119, 132	Lago di Poschiavo 105, 112	Naturns 73, 75
Fersental 147	Lago di Santa Giustina 73, 82	Nauders 153, 162, 163, 164
Fiera di Primiero 168, 176	Lago di Stramentizzo 136, 148	Nigerpass 56, 67, 68, 133
Fiume Adige 39, 51, 52	Lago di Valvestino 25, 32	

Ofenpass	153, 161, 165	Ratschingstal	95	Totoga	176
Ortler	17, 73, 75, 79	Reschen	98, 165	Trafoi	153, 155
Ötztal	75, 98	Reschenpass	151, 153, 162, 163, 164, 165	Tremosine	9, 25, 29
				Trient	135, 136, 139, 140
Padova	170	Reschensee	75, 151, 153, 164, 165		
Parco Nazionale delle Dolomiti Bellunesi	168, 180	Riete	65	Umbrailpass	153, 165
		Riva del Garda	25, 27, 28, 36, 41, 52, 139, 192	Unterengadin	155, 159, 163
Pass dal Fuorn	161				
Passeiertal	88, 95, 97, 98, 99, 100	Rosengartenspitze	67, 120	Val Cismo	176, 181
Passo Brocon	167, 168, 175, 180, 181	Rovereto	49, 51, 52	Valda	136, 148
				Val d'Assa	168, 173
Passo Coe	136, 141, 145, 149	Sabbio	34	Val dei Mocheni	136
Passo d'Eira	105, 107, 117	Salò	25, 34	Val di Caffaro	25, 35
Passo del Maniva	25, 34, 37	Sankt Kassiari	56, 61	Val di Daone	25, 35
Passo del Redebus	136, 147, 149	Sankt Leonhard	11, 88, 97, 99	Val di Forni	79
Passo del Sommo	136, 145	Santa Maria Val Müstair	153, 157	Val di Gavia	79
Passo del Tonale	73, 81, 85	San Tomaso	56, 65	Val di Ledro	25, 36
Passo di Campolongo	56, 68, 69	San Vittore Maure	111	Valdisotto	105, 116
Passo di Cereda	168, 176, 181	Sarca	52	Val Donega	168, 175
Passo di Costalunga	56, 67, 69	Sarntal	87, 91, 92, 101	Val d'Ultimo	82, 85, 101
Passo di Croce Domini	25, 35, 37	Sarntheim	88, 92	Valfurva	71, 79
Passo di Falzarego	56, 59, 61, 69	Schlanders	73, 75	Val Laguné	105, 110
Passo di Foscagno	105, 107	Schluderns	154, 164	Valle di Fumo	36
Passo di Giau	56, 64	Schuls	153, 155, 162, 163	Valle di Livigno	105, 107, 108
Passo di Lavazè	56, 67, 69, 120	Segonzano	136, 148	Valle Sarentina	88, 91
Passo di Monte Giovo	95	Sella-Gruppe	59, 68, 126	Val Lozen	168, 176
Passo di Rolle	56, 66, 69, 176, 181	Serrada	52	Val Muraunza	153, 156
Passo di Sella	56, 67, 69	Sette Comuni	173	Val Poschiavo	105, 110, 111
Passo di Valles	56, 66, 69	Solda	155	Val Sabbia	25, 34
Passo di Valparola	59, 61, 69	Spitz di Tonezza	136	Valtellina	105, 116, 117
Passo di Vezzena	172, 173, 181	Sterzing	88, 93, 94, 95	Val Travignolo	66
Passo Pian delle Fugazze	41, 53	Stilfser Joch	71, 73, 76, 77, 79, 80, 85, 106, 116, 117, 151, 153, 155, 156, 165	Val Trompia	25, 34
Passo Pordoi	56, 67, 68, 69			Val Varuna	112
Pasubio	39, 41, 51, 52, 53			Val Viola	105, 107
Penser Joch	2, 87, 88, 92, 93, 101	Storo	36	Veltlins	77, 106
Pensertal	88, 92	Strada del Vino Bardolino	41, 49	Venetien	17, 18, 44, 55, 61
Pergine Valsugana	136, 147	Strada Statale	139, 175, 177, 180, 181	Veneto	29, 176
Pescosta	56, 59, 68			Vesio	25, 29
Piave	180	Südtiroler Weinstraße	73, 84	Via Valvestino	34
Ponte Caffaro	25, 35			Vilpian	88, 91, 100
Ponte di Legno	73, 80	Tal der Etsch	75, 91, 139	Vinschgau	20, 75, 151, 154
Pordoijoch	66, 68	Terlans	91	Vobarno	25, 34
Poschiavo	105, 110, 111, 112, 116	Tignale	25, 32		
Poza	56, 67	Timmelsjoch	11, 87, 88, 97, 98, 101	Welschnofen	56, 67, 69
Prad	73, 76				
Predazzo	56, 66	Tirano	105, 112, 113, 114, 116	Zernez	153, 161
Punta San Vigilio	41, 48	Toscolano-Maderno	25, 34	Zimmerstal	148

IMPRESSUM

1. Auflage Mai 2017 | © 2017
Alle Rechte vorbehalten.

HERAUSGEBER

TVV Touristik-Verlag GmbH | Werner Henschel Str. 2 | D-34233 Fuldatal-Ihringshausen
Tel.: +49 - (0) 561/400 85 - 0 | Fax: +49 - (0) 561/400 85 - 21
info@bikerbetten.de | www.bikerbetten.de
Vertretungsberechtigter Geschäftsführer: Peter Schmitz
Registergericht: Kassel | Registernummer: 13254
Umsatzsteuer-Identifikationsnummer gemäß § 27 a Umsatzsteuergesetz: DE813611060

REDAKTION Hans Michael Engelke, www.engelke.tv

FOTOS Angelika und Hans Michael Engelke, www.engelke.tv;
Luidger (S. 17), Geoz (S. 18), Joadl (S. 19), David Gubler (S. 110)

UMSCHLAGGESTALTUNG TVV Touristik-Verlag GmbH

KARTENBASIS © Kunth Verlag GmbH & Co. KG

ROUTEN Hans Michael Engelke, www.engelke.tv

PRODUKTION MoTourMedia, Wuppertal

LEKTORAT Text-o-Pix, Wuppertal

DRUCK UND WEITERVERARBEITUNG Silber Druck oHG, 34266 Niestetal

Die GPS-Daten gibt es zum kostenlosen Download auf **bikerbetten.de**

Alle Angaben dieses Werks wurden von dem Autor sorgfältig recherchiert.
Für die Richtigkeit der Angaben kann jedoch keine Haftung übernommen werden.

ISBN 978-3-937063-41-6

WWW.BIKERBETTEN.DE